Todo el invierno, toda la batalla
Relatos desde la Araucanía

Antonio Manuel Reina López

Registro de Propiedad Intelectual en *Safe Creative* num. 1210042455884

© Bubok Publishing S.L., octubre 2012
1ª edición
Impreso en España / Printed in Spain
Impreso por Bubok
ISBN: 978-84-686-2224-8

A mi querido padre

ÍNDICE

INTRODUCCIÓN.	9
La obsesión del anillo	11
Mi enemigo	21
Carnívoro	37
Invisible	47
Si pudiera correr más	54
Amenazado de muerte	60
Martirio	65
Memorias de una vagabunda	70
La Puerta de la Luz	75
Las pruebas de Artelek	80
El ajedrecista siniestro	84
Crónica de un cibernauta con más de cinco mil amigos	110
Unas palabras a tiempo	126
El suicidio de Dios	130
La musa escondida	135
La estrella del adiós	144

Astronauta a la deriva	159
Por sus marcas los reconocerán	164
La mancha delatora	173
Elogio fúnebre	178
Alejandro	181
Olor a cebolla	187
No pasa nada por un beso	189
El idiota de al lado	195
El músico y la bella melodía	199
Choque en la oscuridad	206

INTRODUCCIÓN

Este libro de relatos pone fin a un ciclo, pues todos fueron escritos en Temuco (Chile), los últimos años de mi estancia allá, concretamente desde julio de 2009 hasta mayo de 2012.

Ahora escribo esta introducción en octubre de 2012, ya regresado a mi tierra natal, Barcelona. Los he vuelto a revisar y retocar todos y he terminado el último: *Choque en la oscuridad*, un cuento que dejé a medias estando aún en Chile y que he finalizado en España.

A pesar de que la presente edición es española, he mantenido la opción literaria inicial, usando el castellano que se habla en Chile (excepto en *La estrella del adiós* y *El idiota de al lado*, porque los personajes que narran ambas historias son españoles).

Con el título de este libro quise homenajear al genial escritor Pablo Neruda, y también a todo Chile, tomando el primero de los versículos de su bello poema dedicado a la Araucaria, un árbol maravilloso y espectacular, propio de la región araucana. Es un árbol que me fascina no solo por su belleza y altura, sino porque crece en alta montaña en condiciones climáticas muy adversas, entre el frío y la lluvia. Mis relatos también surgieron como araucarias, del frío y la lluvia de Temuco, cuando por fin, llegada la noche, refugiado en mi casa, tomaba mate y envuelto en mantas me ponía a escribir. El subtítulo rinde honores a la Araucanía, región a la que pertenece Temuco, al tiempo que, como les decía antes, indica el lugar físico donde todos los relatos fueron compuestos.

Antes de esta edición había agrupado mis narraciones en tres colecciones, publicadas en Bubok: *La Puerta de la Luz y otros relatos*, *Crónicas de la desesperación*, y por último: *Nada es lo que parece*.

Después escribí dos relatos más: *El músico y la bella melodía* y *Choque en la oscuridad*. Al final, tras pensarlo mucho, decidí compilar todos mis cuentos por orden cronológico en un solo libro (incluyendo los dos últimos antes citados), tal como fueron brotando de mi mente, de manera que el primero que aparece en esta colección, es el más antiguo, y el último el más reciente en ser escrito.

El libro que ahora tienen en las manos es el fruto literario de mi vida en América Latina. Ojalá su lectura les resulte placentera y provechosa, como lo fue para mí la estancia en aquellas hermosas tierras.

LA OBSESIÓN DEL ANILLO

-Oiga, se le ha caído esto.

Me giré para ver quién me hablaba. Era una mujer que con su mano tendida, me mostraba un anillo.

-¡Oh! gracias-contesté. No sé por qué lo acepté si no era mío. Un extraño impulso me llevó a mentir para poder quedármelo. La mujer se fue y yo quedé con mi tesoro en la mano.

"En verdad soy idiota por haber dicho que era mío, si en realidad no lo era. Mmm… debería devolverlo…pero… ¿a quién?"

Me sentía culpable por lo que había hecho. Caminé sin rumbo mientras pensaba qué hacer. Traté de ponerme el anillo pero no me entraba, sin duda pertenecía a una persona más delgada, tal vez una mujer. Era un anillo de oro, sin grabación de nombre ni de fecha alguna, seguramente una alianza matrimonial, parecida a la mía, que estaba también sin inscripciones, por un despiste que después de la boda ya nunca arreglamos.

¿Cómo saber a quién pertenecía? Se me ocurrió llevarlo a una joyería. Tal vez allí me sabrían decir dónde fue hecho. Fui a una que estaba cerca de mi casa. El tipo que atendía lo examinó y me dijo que podría haberse fabricado en cualquiera de las joyerías del país, no tenía nada de especial, era un anillo de oro, eso sí, pero vulgar y corriente. Desesperanzado continué caminando y cavilando cómo solucionar el problema. Me vino a la mente la idea de llevarlo a una comisaría, tal vez allí podrían ayudarme.

-Verá agente. Encontré este anillo en la calle, quizá puedan ayudarme a encontrar a su dueño.

-Bueno, podemos dejarlo en la oficina de objetos perdidos, quizá el dueño aparezca reclamándolo.

-Bien- Contesté. Pero quedaría más tranquilo si me llaman a casa cuando el dueño aparezca.

El policía me miró extrañado. Supongo que le pareció curioso que yo me tomara tanto interés. Pero desde el momento en que acepté como mío algo que no lo era, sentí que debía hacer algo para reparar mi mentira. Tal vez estaba exagerando, pero no sé por qué razón, el pensamiento de purgar mi falta era cada vez más intenso.

-Está bien, déjeme su número, nombre y dirección, por si acaso- Me dijo amablemente.

Salí de la comisaría algo más consolado, pero todavía nervioso. Pensé en volver a casa, tal vez mi amada esposa habría vuelto ya de su viaje. Caminé hacia mi hogar titubeando, sentía que no había hecho lo suficiente, que debería esforzarme más en buscar al dueño del anillo, pero no sabía qué más hacer.

"Tal vez poner un anuncio en la radio y otro en el periódico sea buena idea, así, si lo escucha el dueño, sabrá dónde acudir". Por suerte la editorial más cercana no quedaba muy lejos, aunque tardaron en atenderme. Lo del anuncio por radio lo pude solucionar con una llamada telefónica, casualmente tenía un amigo que trabajaba en una emisora y se comprometió a hacer lo que le pedía.

Con tantas gestiones, se me había hecho de noche.

"Uff, mi mujercita tal vez haya vuelto y se esté preocupando de que yo no esté allí. Tengo que volver de una vez a casa. No sé cómo voy a explicarle mi tardanza, realmente me he tomado demasiadas molestias en este asunto del maldito anillo".

Entré por fin en mi casa. Pero mi querida esposa no había llegado todavía.

"¿Qué le habrá pasado? Ya debería haber vuelto, me dijo que llegaría hoy al atardecer, y ya es de noche. Mmm... quizá haya decidido prolongar un poco más su descanso, aprovechando que no entra a trabajar hasta mañana en la tarde. Aunque es raro, porque ella me había dicho que quería estar conmigo esta noche y mañana temprano íbamos a salir juntos a algún lugar bonito y comer en un restaurante. Tal vez me llamó para avisarme y no me encontró en casa. Podría llamarla yo ahora...pero... es muy tarde y posiblemente esté ya durmiendo. Y si está durmiendo a ella no la despierta ni un terremoto, con el sueño tan profundo que tiene".

De todas formas probé a llamarla, por si acaso. No contestó.

Me metí en la cama y traté de dormir, pero estaba muy nervioso y agitado. Mi mente era un torbellino donde daban vueltas ideas recurrentes sobre el anillo, el interés por saber quién era su verdadero dueño; la sensación de estupidez y el sentimiento de culpa que me invadían por haber dicho que era mío, la inquietud sobre por qué mi esposa había decidido quedarse un día más en la cabaña tan sorpresivamente y sobre todo pensaba cuál sería la razón por la que me sentía tan responsable de que el anillo volviera con su propietario, pues me extrañaba sentirme obsesionado de tal modo con esa cuestión.

Pasé la noche en blanco, llamando de cuando en cuando a mi esposa sin éxito y dando vueltas en la cama y a mi cabeza. Cuando despuntó el día, se me ocurrió otra cosa que podía ayudarme a encontrar al dueño del anillo. Decidí volver al lugar donde aquella mujer me lo había dado. Supuse que el dueño tal vez vivía cerca de allá. No era algo seguro, pero no perdía nada con probar.

Caminé rápido, casi corriendo, impaciente por poner en práctica mi nueva idea.

Cuando llegué al sitio, empecé con mi plan: Ir puerta por puerta preguntando a la gente si habían perdido un anillo. Así pasé todo el santo día. Recorrí veinte cuadras entrando en todas las viviendas. Nadie sabía nada. Algunos no quisieron abrirme, pensando que se trataba de alguna nueva especie de timo y hubo un vecino que se enojó y casi me pega, porque era manco de las dos manos y pensó que le estaba tomando el pelo.

Fracasado y agotado decidí volver a casa, pues estaba anocheciendo. Entonces me acordé de mi mujer.

"Cielos. No me acordé de llamarla esta mañana. Espero que esté ya en casa…"

Pero cuando llegué, aún no había vuelto. Eso me puso aún más nervioso de lo que estaba. La llamé por teléfono. Nadie contestaba. Empecé a notarme muy angustiado y preocupado. ¿Cómo podía haberme olvidado de llamarla antes de salir de casa? Me sentía terriblemente culpable por mi estúpido despiste. Y todo debido a mi absurda obsesión del anillo.

"Tal vez le haya pasado algo. Quedarse un día más podía ser normal, sobre todo si llamó para avisarme y no me encontró en casa, pero que no haya vuelto ya, es muy extraño, pues ella tenía que trabajar en la tarde de hoy".

Llamé a la policía del lugar donde se suponía que mi esposa estaba descansando, para que echaran un vistazo. Les pedí que me avisaran cuando supieran algo.

Yo estaba hecho un manojo de nervios. Mi mente iba del anillo a mi esposa, de mi esposa al anillo, dando vueltas y más vueltas a todo, tratando de entender por qué mi esposa no volvía, por qué el dueño del anillo no aparecía y por qué demonios eso me afectaba y me importaba tanto, produciéndome un sentimiento de culpa tan intenso que por momentos se hacía insoportable. Tal vez era un anillo mágico o quizá maldecido y yo estaba padeciendo alguna especie de efecto diabólico. Pensé en ésta y en otras muchas oscuras consideraciones más.

Iba camino de vivir otra noche de insomnio. Para entretenerme, decidí poner un mensaje en *facebook*, a todos mis amigos, por si alguien sabía de alguno que hubiera perdido su maldito anillo. También escribí correos y navegué en Internet, buscando alguna pista. No sabía qué más hacer. Me puse a caminar de un lado a otro de mi habitación, nervioso y desesperado. Entonces oí el sonido del teléfono y salí corriendo para cogerlo. Deseaba intensamente que fuera la dulce voz de mi mujer diciéndome que no le había pasado nada. El corazón me latía tan fuerte que casi no pude hablar cuando descolgué.

Pero no era mi mujer. Un agente de policía me dijo que habían encontrado a mi esposa con el cráneo destrozado en la cabaña donde estaba descansando y que una patrulla iba de camino a mi casa para llevarme al lugar de los hechos.

Cuando colgué el teléfono grité y lloré con todas mis fuerzas, como nunca antes. ¡Mi mujer muerta! ¿Qué iba yo a hacer sin ella? Mi esposa lo era todo para mí. El amor más grande de mi vida…en realidad…mi único amor. Mi vida había sido absurda, solitaria y tétrica hasta que la conocí. Y ahora…me dejaba para siempre. No podía creerlo. Tal vez estaba soñando una horrible pesadilla. Quizá los nervios me estaban jugando una mala pasada y todo era fruto de mi imaginación.

Me resistía a aceptar la pérdida de mi esposa. Ella era mi vida, la única que me comprendía y quería, en este mundo podrido de egoísmo. No podía existir una compañera tan linda, buena y dulce. Tan inteligente y sensual… incluso sus defectos me encantaban. Como cuando me echaba en cara que le había dicho tal o cual insulto, sin haber pronunciado yo ni una sola palabra; o las veces que me reprochaba actos jamás realizados por mí... pero ese puntito extraño de locura o rareza que mi mujer mostraba en ocasiones, también tenía su encanto, pues si todo hubiera sido tan perfecto en ella, seguramente yo no me habría enamorado tanto. No, no podía ser verdad que estuviera muerta…y además asesinada de un modo brutal… ¿Quién podía haberle hecho algo así?

La policía llegó a mi casa. En ese momento se desvanecieron mis ilusiones de que todo fuera un sueño, pero sobre todo, la realidad me golpeó con toda su dureza cuando tuve que reconocer el cadáver.

Los dos días que siguieron fueron odiosos. Declaraciones, papeleos, citaciones aquí y allá…yo quería desaparecer, irme muy lejos para tratar de olvidar todo y alejarme de los lugares que me recordaban a mi esposa. Pero tenía que permanecer en la ciudad por si la policía me necesitaba.

Al tercer día, cuando ya pensaba que no iban a molestarme más, dos agentes vinieron a mi casa.

- Está usted arrestado como sospechoso del asesinato de su esposa- Me dijeron. Yo no podía creer lo que oía. Mientras me explicaban mis derechos y me esposaban, procuraba entender cómo diablos habían llegado a tan estúpida conclusión. ¿Cómo iba a matar yo a la mujer que daba sentido a mi vida?

Las pruebas y argumentos que presentó el fiscal resultaron contundentes, aunque yo no admití nada. Mi abogado defensor consiguió que pagara la pena en un centro psiquiátrico, alegando enfermedad mental.

Tardé varios años de terapia en entender y en asumir lo que había pasado.

Ahora, después de tanto tiempo, tengo muy claro todo lo que sucedió: partí a la cabaña que tenemos en la costa, donde mi mujer solía retirarse para descansar cuando estaba muy estresada por su trabajo y allí la golpeé hasta matarla, movido por los celos, ante el convencimiento de que ella iba a ese lugar para estar con otro hombre. Fui muy cuidadoso en no dejar huella alguna, pero después de mi perverso delito, le había quitado el anillo de bodas, como para castigarla por no haber sabido llevar dignamente su alianza nupcial y me lo había guardado, con la intención de deshacerme de él más tarde.

Cuando volví a la ciudad, no muy lejos de casa, el anillo resbaló de mi bolsillo y cayó al suelo. Allí una mujer lo vio y me lo quiso devolver. En ese momento se activó mi personalidad dominante, la del hombre bueno y honesto que amaba ardientemente a su esposa y que no recordaba nada de lo que había hecho su otra personalidad de asesino frío y sin escrúpulos, violento y celoso hasta la obsesión. Por eso no reconocí el anillo como propio. Mi inconsciente me condujo a decir que era mío, aunque en ese momento pensara que no lo era y después fue mi inconsciente también el que me impulsó a sembrar pistas para facilitar que la policía me descubriera. A pocos días del asesinato, relacionaron la desaparición del anillo en la mano del cadáver de mi esposa, con el anillo perdido anunciado por radio y que yo mismo había dejado en comisaría, junto a mi dirección y teléfono.

Como dice mi psiquiatra, la personalidad dominante, la del bueno y honesto, desconoce la existencia y actuar de la otra malvada personalidad oculta, pero aún así, algo dentro de mí, buscó delatar el monstruo, ese horrible lado oscuro, que se había alojado dentro de mi alma como un indeseable parásito.

Conforme he ido conociendo la naturaleza de mi enfermedad, he comprendido por qué tantas veces mi esposa se había quejado de mis cambiantes opiniones y estados de ánimo, y por qué me había recriminado tantas palabras y acciones que yo nunca reconocía porque no las podía recordar. Llegué a pensar, en mi delirio, que era ella la que estaba algo desequilibrada. Ahora sé, tristemente, lo equivocado que estaba.

No sé cómo ni por qué mi historia personal me llevó a tan macabra disociación en mi interior, estoy procurando entrar progresivamente en ese oscuro mundo, para irlo comprendiendo y así enmendar lo que se pueda, aunque ya nada podrá devolverle la vida a mi esposa, ni podrá aliviar el terrible dolor que siento por lo que hice. Actualmente, por mandato médico, escribo mi historia, para hacerme más consciente de todo y sigo en terapia, internado en un centro psiquiátrico, esperando sanarme de este raro, terrible y poco común mal. Que Dios me ayude.

MI ENEMIGO

Al amanecer, todo apareció revuelto y desordenado.

-¡Maldición! ¡Otra vez alguien entró en casa mientras yo dormía!- Exclamé en voz alta, a pesar de estar solo. No entendía cómo era posible. Había aumentado las medidas de seguridad: pestillos de acero, cerradura reforzada, puerta blindada, ventanas con barrotes de hierro… pero sorprendentemente, de un modo misterioso, alguien irrumpía en mi piso y lo dejaba patas arriba. No se notaban señales de fuerza ni en la cerradura de la puerta, ni en las ventanas. Todo estaba intacto. Ya iba la tercera vez en un mes que esto me pasaba. Lo curioso era que mi extraño asaltante nunca robaba nada: se limitaba a destrozar todo e irse.

Volví a poner la denuncia en comisaría. El peritaje estableció por enésima ocasión, que no había huella alguna del malhechor. Ninguna pista. Como yo vivía en el ático y el vecino de abajo era más sordo que una tapia, de nuevo nadie del vecindario oyó nada. Mi sueño, al parecer muy profundo, impedía que yo despertara con los ruidos que hacían las cosas al caer. Maldije mi suerte una vez más. ¿Quién podría ser el que me hacía esto? ¿Tendría algún enemigo? No recordaba ser odiado por nadie, ni haber dañado a alguien como para provocar una venganza así. Yo me consideraba una buena persona, que en general no se metía en problemas y procuraba ser amable con todos. Pero sin duda, alguien quería fastidiarme, asustarme, tal vez echarme de aquella vivienda.

De hecho el asunto me asustaba e inquietaba. Si alguien podía entrar con tanta facilidad a mi casa y hacerle eso a mis cosas... ¿Qué le impedía hacerme daño también a mí? Era una sensación muy desagradable no sentirme seguro ni en mi propia casa. El problema de vivir solo es que uno se siente desamparado, desprotegido, indefenso. En la noche se llegan a escuchar toda clase de sonidos inquietantes. Siempre parece que entra un sujeto en casa, o se oye algo parecido a una respiración cerca, o crujidos de inexplicable origen...la soledad y el miedo se confabulan para que la imaginación vuele y uno llega perder la noción de lo que es real o fruto de la pura sugestión. Pero las sillas por el suelo, la lámpara rota, los cajones de la cómoda revueltos y demás desarreglos, eran algo real.

Dada la inutilidad de la policía, siempre colapsada con asuntos más importantes, me dispuse a ser detective de mi propio caso.

Primero pensé en mi vecindario. ¿Alguien podía ser sospechoso de querer echarme de mi piso? No, no lo creía. Yo era un buen vecino. Como vivía solo, era muy silencioso. Y si algún día ponía música o la televisión, lo hacía a un volumen bajo, para no incordiar. Tampoco tenía amigos, por lo que no era visitado por nadie, ni siquiera por mi familia, por vivir ésta a unos catorce mil kilómetros de distancia.

Aparte, por mi carácter tímido y mis traumas pasados, no me relacionaba con nadie de mi vecindario, aunque mantenía una relación cortés y amable con todos, sin quejarme nunca por nada. Realmente no encontraba motivos para que alguien estuviera molesto conmigo.

Pensé entonces en el casero, el que me arrendaba el departamento. ¿Podía tener algún interés en echarme? Él tenía llaves de todas las viviendas del edificio, lo que le convertía en un potencial sospechoso. ¿Pero cuál sería su motivación? Quizás cobrar los desperfectos ocasionados, ya que era norma de la casa que si uno rompía algo del inmobiliario, lo tenía que pagar. Pero al instante recordé el día en que le expliqué lo sucedido: se mostró muy comprensivo y me dijo que en mi caso no tenía que abonarle nada, ya que siendo delincuentes los culpables, entendía que era injusto hacerme pagar a mí. Me pareció buena persona y además se mostró tan interesado como yo en encontrar a los responsables del delito, pues no dejaba de ser un ataque a sus pertenencias y una amenaza para su negocio; ya que si cundía la voz de que sus pisos de alquiler eran fácil presa de maleantes, nadie querría vivir allí. Por todo eso, lo taché de mi lista de posibles enemigos.

Tenía que pensar entonces en enemigos de fuera. Pero era difícil. Mi vida era muy solitaria, sin amigos ni enemigos. En el trabajo era amable con todos, si algo me sentaba mal, disimulaba y callaba, según mi costumbre. La cuestión era no tener conflictos con nadie y para ello estaba dispuesto a sacrificar mis propias necesidades e intereses. Por eso conseguía ser bien aceptado en todas partes. Pero tampoco intimaba con nadie. Mi terror a ser dañado hacía que interpusiera un muro muy grande con los otros. Mi lema consistía en no herir ni ser herido, para ello era necesaria la distancia, pero también la corrección y suma cortesía en el trato con todos. No quería repetir errores del pasado, como poner el corazón en amistades que después te traicionan. Por eso mismo, aunque estaba preparado académicamente para ser profesor de historia, finalmente había terminado trabajando de bibliotecario, para evitar los problemas de relación que conlleva el trabajo educativo.

Desde hacía diez años yo estaba residiendo en Temuco, Chile, bien lejos de Madrid, mi tierra natal. En efecto, ahora ciertas heridas habían empezado a cicatrizar, gracias a la falta de contacto con mis relaciones en España. Poner muros era mi método de alivio para los conflictos, muros interiores y exteriores. Mi sistema, si bien era infalible para evitar el dolor, tenía sin embargo un fallo: la soledad que por rachas se tornaba como una angustiosa opresión en el pecho, una espada fría que me atravesaba las entrañas y el corazón, una asfixia y ansiedad envolvente que lo teñía todo de tristeza y nostalgia. Pero aún así, prefería esto al daño que me causaban las personas cuando las empezaba a amar.

En España tampoco tenía nadie del que sospechar. Algún que otro pesado al que yo caía mal, vino a mi mente, pero no era creíble que se tomara la molestia de viajar a otro continente para entrar en mi casa y romperme las cosas. Ni tampoco yo había hecho nada como para que me odiaran de esa manera.

Unos días más tarde fui al cine, actividad con la que solía evadirme de mis momentos bajos. Pero aquella vez fue peor el remedio que la enfermedad. La película trataba sobre un demonio que poseía a una mujer y le hacía cometer, sin que ella fuera consciente, unos crímenes terribles. Volví a casa lleno de temor. ¿Y si eso era lo que me estaba pasando a mí? Tal vez un demonio me poseía en la noche y me obligaba a destrozar mi propio inmobiliario. Y quizá en el futuro me indujera a realizar cosas peores. Pero mi formación científica y positivista me llevaba a desconfiar de la veracidad de los fenómenos y realidades sobrenaturales. "Esas cosas no existen" me decía a mí mismo una y otra vez como para convencerme y amortiguar el miedo que crecía cada vez más en mi interior. Recuerdo que aquella noche no dormí nada, invadido de pensamientos angustiantes que iban desde el natural temor al enigmático asaltante de mi hogar, hasta el irracional miedo al diablo y su supuesto poder para dominar a las personas aún a costa de su voluntad.

Pasé unas semanas sin dormir en las noches. Me quedaba despierto, como un guardián, para que fuera quien fuera mi enemigo, no me sorprendiera durmiendo. Aunque me aterraba la violencia, me compré un bate de béisbol, por si tenía que usarlo en legítima defensa. Pensé en un revólver, pero había que conseguir una licencia y además no soportaba la idea de usarlo. Con un bate era más fácil herir al otro o disuadirlo, sin tener que matarlo. Claro que si mi oponente iba armado con una pistola, no tendría nada que hacer, o si era un demonio, menos todavía, pero aún así, tener algún tipo de arma al lado me daba un poco más de seguridad.

Esta actividad nocturna hacía que tuviera que dormir durante el día y a veces me quedaba dormido en la Biblioteca, lo que hizo que mi jefe me llamara la atención en varias ocasiones. Y en la micro, a menudo me pasaba de estación, invadido por un sueño que me era difícil controlar.

La situación se estaba volviendo insoportable. A mi miedo al delincuente se había sumado este otro temor al diablo, que me resultaba tan angustiante e irracional. Necesitaba ayuda, pero ¿a quién pedírsela? No tenía apoyos, ni ningún amigo a quien acudir.

Un día, paseando al atardecer, encontré una pequeña capilla. La gente estaba saliendo de misa y el cura los despedía en la puerta dándoles la mano y conversando con cada uno. De pronto se me ocurrió una idea: ¿por qué no conversar con un sacerdote sobre mi problema? Tal vez él pudiera orientarme, al menos en cuanto al tema del diablo y mis temores. Me dirigí a él, decidido y le pedí conversar. Me atendió muy amablemente y me sugirió bendecir mi casa y dialogar con más calma sobre el tema. Quedamos para el día siguiente.

Esa noche, para variar, no dormí.

Al amanecer, después de dormitar algo entre el trabajo y el bus, llegué a mi casa, impaciente. Era la primera vez que invitaba a alguien, después de tantos años en América. Un poco pasada la hora convenida, llegó mi invitado. Mientras tomábamos café, le conté todas mis aprensiones y problemas. Su conversación me resultó amena y muy sensata, me explicó que el diablo para él era sólo un símbolo del mal, aunque la Iglesia oficial afirmaba su existencia real.

-De todas formas -me dijo –En caso de que, en efecto, sea una realidad espiritual maligna y no un mero símbolo, no puede poseer a las personas si éstas no le consienten la entrada al corazón.

No eran posibles las posesiones demoníacas de las películas, donde alguien inocente, sin comerlo ni beberlo, es conducido como una marioneta por su satánico manipulador. Era necesario para la posesión, una exposición continuada y voluntaria de la persona, a la fuente del mal, para que algo así fuera posible. Me contó que existía de hecho, un ritual oficial para exorcismos, que había sido renovado no hace muchos años. Y al parecer, cualquier sacerdote, con permiso del obispo, podía aplicarlo si el caso lo requería. Pero me explicó también que era rarísimo usarlo, pues a menudo se trataba más bien de problemas psicológicos o miedos, fruto de la superstición, la sugestión y muchas veces la ignorancia.

Me quedé más tranquilo con su explicación, aún así le pedí que bendijera mi casa. Yo oficialmente era agnóstico, pero en momentos de dificultad despertaba en mí, muy a pesar mío, la religiosidad de mi niñez, cuando iba tan contento a la catequesis para preparar mi primera comunión. Después, en la adolescencia, había perdido la fe, al constatar tantas incoherencias de la iglesia y al fascinarme la formación científica que muy pronto comencé a adquirir. Creí que la ciencia era incompatible con la religión y filosóficamente me situé en un positivismo radical, que con los años se me había ido acentuando.

Y de repente, ahí estaba yo, contando mis penas a un sacerdote y pidiéndole que me bendijera la casa.

Después de la bendición, continuamos hablando. Le conté de mi soledad y también el porqué huía el contacto con los demás. Le hablé del origen de mi trauma, cuando sorprendí a mi mejor amigo en la cama, con la que iba a ser mi futura esposa. Después de aquel desengaño tan terrible, me prometí a mí mismo no volver a confiar en nadie. Sin embargo, aquel cura me había inspirado confianza y por primera vez en diez años, le había abierto el corazón a una persona.

- Quizá el único demonio que hay aquí es la soledad que usted mismo se impone para evitar el dolor. Pero ese camino sólo agravará el rencor y la angustia; el corazón no se libera hasta que perdonamos a los que nos ofenden" - Me dijo antes de despedirse, con una sonrisa serena que resplandecía en su rostro.

Cuando se fue mi nuevo amigo, quedé consolado y tranquilo. Aquella noche dormí como nunca.

Sin embargo, mis problemas no terminaron ahí. Me encontraba lejos de poder perdonar como el sacerdote me recomendaba. Y sí, su conversación me vacunó contra el temor al demonio, pero faltaba el tema real sin duda alguna, de que alguien la había tomado con mi piso y lo saqueaba cada cierto tiempo. En efecto, después de dos semanas sin novedades, una mañana encontré otra vez el mismo desastre de siempre: todo tirado por el suelo y algunos objetos domésticos destrozados.

Ya harto del tema, decidí cambiar de casa. Descartado que fuera un demonio, si era un ser humano de carne y hueso, tal vez lo único que quería era mi mudanza para quedarse con el piso. O podría tratarse de una especie de casa maldita…pero entonces la acción purificadora del sacerdote debería haber restaurado la paz y el orden… o quizá era algún alma penando, inmune a las bendiciones…me sorprendí del nivel de creencias sobrenaturales que estaba barajando. Sin duda, todos aquellos años viviendo en la Araucanía, habían hecho mella en mi escepticismo respecto a los fenómenos paranormales. En todo caso, salir de aquella vivienda, despejaría mis dudas.

Me mudé al otro extremo de la ciudad. Pasé un par de semanas bien, pero un día, cuando desperté, todo estaba como si hubiera pasado un tornado por mi sala de estar. Incluso la pieza donde dormía tenía la lámpara rota y tirada en el suelo. ¿Cómo podía no oír el estrépito? Realmente tenía el sueño más profundo que nadie en este mundo. Y como era una casita de un solo piso, tampoco tenía vecinos que pudieran haber oído algo, pues el más cercano vivía como a unos cincuenta metros.

Arreglé los desperfectos y salí a pasear, para tratar de relajarme y pensar. Me vino a la cabeza otra posible explicación. Había oído hablar de lo que llaman piroquinesia, una creencia popular según la cual, por acumulación de rabia, emociones negativas, tensiones no bien resueltas o en general "malas vibras"-como dice la gente de estas tierras- algunos sujetos, por un extraño poder mental inconsciente, producen fuego a su alrededor mientras duermen. Se me ocurrió que tal vez yo generaba, en vez de *piroquinesia*, una telequinesia descontrolada... ¿sería eso posible?

Me imaginé que en vez de estar siendo víctima de una maldición o de un obsesivo perseguidor, quizá estaba descubriendo alguna especie de poder oculto que poseía mi mente. Empecé a pensar en lo maravilloso que sería poder controlar esa fuerza misteriosa y mover los objetos que me rodeaban a mi voluntad. A fin de cuentas no sería tan extraño, los científicos siempre han afirmado que no usamos más que un diez por ciento de las posibilidades que tiene nuestra mente. ¿Pero cómo comprobar que estaba en lo cierto?

Caminando y divagando se me hizo de noche. Pero al pasar por la plaza que había antes de llegar a mi casa, vi una gitana que andaba "leyendo la suerte" a los que se lo pedían. Pensé que no tenía nada que perder consultándole a ella sobre mi problema, tal vez podría conocer algún caso parecido, o alguien que me pudiera a ayudar.

Me echó las cartas y me leyó la mano. Según ella, yo tenía un enemigo. No podía saber quién, pero sí que era alguien muy cercano y conocido por mí. Con esa enigmática pista me fui a casa con miles de interrogantes en la cabeza y también con miles de pesos menos, pues la consulta me resultó un poco cara.

Me acosté muy cansado. Pensé en todo lo que había meditado durante el día, como tratando de resumir lo más importante, para que no se me olvidara. Di vueltas y vueltas en la cama hasta que de pronto, ocurrió algo inesperado: la lámpara de mi mesita empezó a... ¡flotar por el aire! Asombrado me di cuenta de que no era el único objeto volador, también mi *notebook*, los lápices y libros que había sobre mi mesa de trabajo estaban girando en círculos alrededor mío.

¡No podía ser! ¡No podía ser! Me levanté de la cama exaltado. Abrí la puerta de mi dormitorio y salí al comedor. Todo mi mobiliario andaba por los aires como en una extraña danza. Aquello era demasiado irreal para ser cierto. ¿Era yo el que generaba todo aquello? Traté de ver si podía controlar con mi mente, aquel desfile de electrodomésticos bailarines. Me concentré en el televisor tratándolo de inmovilizar...al principio, nada, pero unos minutos después, se detuvo justo donde yo quería. ¡Sí! ¡Lo había conseguido! ¡Podía mover objetos con solo pensarlo! Hice otra prueba con el sofá: lo bajé del aire y lo hice aterrizar en el suelo. ¡También resultó! Entonces, como un niño con su juguete nuevo empecé a mover todas las cosas que me rodeaban con mi mente, llevándolas aquí y allá, exultante de alegría por el descubrimiento de aquel nuevo y sorprendente poder. "¡Sí! ¡Sí! ¡Sí!" Grité emocionado una y otra vez… hasta que me di cuenta de que todo había sido un sueño. Me encontré sentado en mi cama, sudoroso y gritando "Sí" ridículamente. Decepcionado, me arropé y traté de dormir de nuevo.

En mi insomnio pensé en cómo era posible que mi enemigo fuera tan hábil como para obrar solamente cuando yo estaba dormido. ¿Cómo se daba cuenta? A veces había pasado noches con los ojos cerrados, simulando dormir y no se producía desorden alguno. De alguna forma él averiguaba cuándo yo realmente dormía y cuándo no. No podía entender cómo se las ingeniaba para saberlo.

Amanecí de nuevo sin pegar ojo, pero con un pensamiento iluminador. ¿Cómo no se me había ocurrido antes? A partir de hoy grabaría con una cámara todo cuanto sucediera en mi casa durante la noche, mientras dormía.

Apenas abrieron las tiendas, empecé a buscar una cámara que me permitiera grabar 6 horas seguidas de filmación, por ser éste el tiempo que yo solía dedicar a dormir. No me costó encontrar una, aunque bastante cara, pero no me importó el precio, con tal de llevar adelante mi investigación.

La primera noche fue inútil, pues estaba tan nervioso que no dormí nada, y como siempre que eso sucedía, mi enemigo no aparecía. Por si acaso revisé lo filmado: el único movimiento en toda la noche fue una cucaracha que recorrió el comedor.

La segunda noche, más de lo mismo, pero sin cucaracha. "Tal vez le entró pánico escénico", pensé riéndome de mi propio mal chiste.

La tercera noche, ya agotadísimo dormí como un tronco. Y sí, ¡SIII! Al día siguiente todo estaba con el característico desorden y destrozos de siempre ¡SIIII! Grité eufórico. Nunca me había alegrado tanto de ver mis pertenencias hechas un desastre. Loco de nervios me abalancé sobre la cámara para ver la grabación.

Me senté cómodamente en el sofá y empecé a observar las imágenes que aparecían en la pantalla del televisor. Al principio, como siempre, todo aparecía en calma. Pero a las dos horas de filmación... ¡No podía ser! ¡NO! Volví una y otra vez la escena atrás y adelante porque mis ojos no daban crédito a lo que veían. Sí, era cierto, allí estaba. No había ninguna duda, no podía ser un truco, pues yo mismo había programado la cámara para la filmación: Era Satanás. Sí, me parecía mentira, pero se trataba de Él. ¡Se movía por mi apartamento derribando todo con descaro y mirando a la cámara con groseras muecas!

Sorprendido y nervioso por mi increíble hallazgo pensé en alguien a quien poder contar aquel hecho extraordinario. En seguida pensé en el sacerdote que me había atendido unas semanas antes. Él era el único ser humano con el que había entablado una relación mínimamente profunda en aquel continente y nadie mejor que él podía ayudarme en algo así. Lo llamé a su teléfono móvil y hablé con él. Quedamos en un par de horas en mi casa, como la otra vez.

Cuando llegó, le conté lo de mi filmación y le advertí que iba a presenciar algo inaudito. Puse en marcha el vídeo y pasé rápido las primeras horas de filmación, hasta llegar unos segundos antes de la escena que me había sorprendido tanto. Entonces le previne:

-Padre, lo que va a ver es algo increíble y le prometo que no es ningún truco. Ya sé quién es mi enemigo; pero quiero que lo vea por usted mismo.

Entonces le di al "play" y... ¡Noo! No podía ser. Alguien debía estarme jugando una broma pesada. ¡En la escena aparecía yo mismo destrozando todo cuanto se interponía en mi camino!.

- No lo entiendo- le dije a mi amigo- cuando vi el vídeo antes de llamarle, no era yo el que aparecía rompiendo todo, sino...

- ¿Quién?- Me preguntó extrañado el cura.

- Verá, padre, no lo va a creer, pero lo que yo vi fue...el demonio.

- ¿El demonio?

- Sí, era la típica estampa del demonio, tenía cara de cabra, cuernos, cola y todo eso y ¡se dedicaba a romper todas mis cosas con cara de sádico!

Yo estaba muy nervioso, alterado y confundido. El padre se dio cuenta y me propuso que saliéramos a pasear, para que me relajara un poco. Conversamos durante largo tiempo y me hizo algunas recomendaciones, a las que después de un tiempo más bien corto, accedí a realizar.

Ahora veo con claridad que hice muy bien en hacerle caso. Llevo dos años de terapia, por consejo del sacerdote y estoy a punto de finalizar un proceso que ha sido para mí, de auténtica liberación y sanación interior. El psicólogo, al inicio del tratamiento, me dijo que padecía un trastorno del sueño, una especie de sonambulismo intermitente, que se activaba de vez en cuando, sobre todo en periodos de mucha ansiedad; así que yo mismo causaba los destrozos en las casas donde vivía. La gitana que me leyó la suerte tenía razón, mi enemigo era muy cercano y conocido por mí. ¡Y tan cercano que era yo mismo! También me explicó mi terapeuta que yo había sufrido un brote psicótico, fruto de mi insana reclusión y de mi auto impuesto aislamiento de los demás, con lo que la visión del demonio en el vídeo, era solamente un episodio de alucinosis, propio de la enfermedad que había ido desarrollando sin darme cuenta.

Pero me encuentro ya muy bien, he seguido los consejos del psicólogo, y sobre todo, de mi amigo sacerdote: salir de mi reclusión interior, volver a confiar en los demás y lo más difícil: perdonar a los que tanto me hirieron. En este lento caminar hacia mi recuperación, he ido teniendo cada vez más relaciones, empecé a trabajar como profesor, frecuento la capilla donde conocí al cura, estoy involucrado en la comunidad eclesial de base que allí se reúne y…progresivamente renací a la fe, aquella fe que latía dentro de mí, pero que había estado reprimida por tantos temores y argumentos estúpidos.

Gracias a mi enfermedad volví a Dios y soy feliz de verdad. Sin embargo, aunque mi psicólogo es muy bueno, siempre me quedará una duda: ¿Sería alucinosis o realmente el demonio se me apareció a través de aquel video? ¿Sería sonambulismo o una posesión demoníaca? Nunca lo sabré, pero ya no me importa ni me inquieta. Si de verdad fue Satanás, ahora sé cómo combatirlo.

CARNÍVORO

El hombre es un lobo para el hombre. Thomas Hobbes

—Buenos días— le dije a mi nuevo paciente apenas entró en mi despacho.

—Buenos días— me contestó con voz temblorosa y lánguida. Sin duda era alguien desnutrido, a juzgar por su poca vitalidad y delgadez extrema.

—Pase y siéntese.

—Gracias.

—¿Cuál es el motivo de su visita?

El paciente me explicó que padecía un déficit de proteínas y que el médico le había enviado a un endocrinólogo para que le hiciera una dieta hiperproteica. Miré las analíticas que le habían hecho y realmente estaba muy por debajo del mínimo recomendado. Le pregunté si es que no comía carne, huevos, pescados, y demás alimentos ricos en proteínas. Me contestó que sí, lo cual me extrañó mucho, dados los resultados de los análisis y su demacrado aspecto.

—Entonces debe ser cuestión de la cantidad, tendrá que aumentar las dosis, y si no le repugna mucho, procure tomar la carne poco hecha, cuanto más crudita, mejor conserva las proteínas.

Después de esta recomendación medí su estatura y el perímetro del pecho, la cintura y la cadera, lo pesé, como hacía siempre con todos los pacientes, para poder controlar los avances o retrocesos que en adelante tuviera, al seguir la dieta que le iba a recetar.

Le escribí en una hoja el menú a seguir para recuperarse y nos despedimos hasta el mes siguiente.

No sabía qué era, pero algo en él me resultaba extraño. Quizá su mirada profunda y un tanto fiera, tal vez su forma de hablar, como arrastrando las palabras, o esa sensación que transmitía de falta de ánimo y fuerzas…no sé, pero su persona provocaba en mí una cierta inquietud y turbación, como si un sexto sentido me avisara de que era mejor apartarse de él.

Obviamente mi ética profesional me impedía rechazar clientes sin un motivo razonable, así que no hice caso de mi corazonada y al mes siguiente volví a encontrarme con él.

Me asombró el efecto tan contundente que la dieta había producido en él: Cinco kilogramos de grasa menos y un considerable incremento de la masa muscular. Su tórax lucía cuatro centímetros más ancho, mientras que cadera y cintura mostraban una disminución notable de su perímetro.

-Vaya, felicitaciones, ha aumentado usted su masa muscular y ha perdido bastante grasa. ¿Acompaña usted su dieta con algún tipo de ejercicio físico?

Mi paciente movió la cabeza negativamente. No era hombre de muchas palabras, estaba claro. Le di el menú para el siguiente período y me despedí hasta el próximo mes. Nuevamente me sentí desazonado ante su presencia. Era como si una especie de sentimiento de amenaza me envolviera cuando estaba junto a él.

Al día siguiente, mientras desayunaba y leía el diario, vi que una serie de extrañas matanzas de corderos se habían producido en la región. Los campesinos decían que ese estilo de mordeduras y extrañas mutilaciones, no eran propios de pumas o perros y estaban un poco desconcertados. Las típicas leyendas del *chupacabras*, tan frecuentes en Latinoamérica, volvían a aflorar. Lo cierto es que episodios similares se producían con cierta frecuencia, y no en todos los casos se esclarecían los hechos, con lo que leyendas y explicaciones paranormales circulaban habitualmente entre la gente.

Pasado un mes me volví a ver con mi paciente. Esta vez no salía de mi asombro. Por más que lo miraba no podía creerlo. Su aspecto había pasado de ser un pobre hombre famélico y pálido a un espectacular físico-culturista de tez oscura y con harto bello. Le pregunté si practicaba ese deporte y si, además se inyectaba algún tipo de hormona del crecimiento, pues no me parecía normal una hipertrofia muscular tan rápida ni tener tanto pelo de repente. De nuevo, contestó casi con un gruñido y gesticulando respondió negativamente.

-Pero...no puede ser...no lo entiendo...nuca he visto un caso similar. Su desarrollo muscular es impresionante... ¿De verdad que no ha tomado nada? ¿Ninguna hormona? ¿Ningún tipo de tratamiento especial?

Mi insistencia pareció molestarle. Frunció el ceño de una manera que me llegó a dar miedo. Me recordó un lobo rabioso. Al final, como si le costara hablar, dejó caer a duras penas unas pocas palabras... "La carne..."- Me dijo – "La carne cruda...ese es el secreto". Me estremecí al oír su declaración.

-¿La carne?- Le pregunté- ¿La está tomando cruda? ¿Cruda del todo?

-Mmmm...grrrr...sí, sí- Me dijo de nuevo.

-Vaya, le dije que la tomara poco hecha, pero no era necesario que la tomara cruda...aún así, tampoco eso explica un crecimiento tan exagerado de la masa muscular...- Pero no pude seguir hablando, ya que mi paciente dio media vuelta y se fue bruscamente, sin despedirse ni dejar la plata que me debía por esta última visita. Me asomé a la puerta para ver si aún le podía alcanzar en el pasillo, pero en vez de él, me topé con dos tipos altos y fornidos. Uno de ellos se dirigió a mí.

-¿Es usted el médico que atiende a este sujeto?- Me preguntó mientras me mostraba la foto de mi paciente, con el aspecto demacrado y flacuchento que tenía antes de iniciar mi tratamiento.

-Emm, pues, sí… ¿por qué?

Acto seguido se identificaron como agentes de la INTERPOL y me pidieron poder entrevistarme con calma en mi despacho. Me hicieron toda clase de preguntas sobre mi paciente, pero era poco lo que yo podía contarles. Les pregunté si mi cliente había cometido algún delito, pero no quisieron responderme. De pronto se levantaron y se despidieron cortés pero escuetamente y me dejaron allí, totalmente perplejo e intrigado.

Al día siguiente, mientras desayunaba leyendo el periódico, vi la foto de mi paciente publicada en el periódico. Cuando leí la noticia que acompañaba la imagen, me entró un escalofrío. Al parecer el sujeto era buscado como sospechoso de un macabro crimen. En la pensión donde él vivía hallaron muerta a la mujer que lo hospedaba. Ésta había aparecido mutilada terriblemente, como si una jauría de perros salvajes la hubiera devorado. De hecho la describían como un esqueleto con apenas restos de carne adheridos. Después de haber sido encontrada, mi paciente desapareció sin dejar rastro…y todo había sucedido ayer, justo el mismo día en que vino a mi despacho, con lo que probablemente, yo fui el último en verlo por la ciudad.

Horrorizado, me dirigí a mi consultorio, para empezar un nuevo día de trabajo, a pesar de todo. Pero en la entrada me esperaban dos tipos, con aspecto de policías, aunque no uniformados. Cuando se identificaron les comenté que ya me habían entrevistado ayer dos miembros de la INTERPOL. Y se extrañaron mucho, pues no tenían notificación alguna de que la INTERPOL estuviera investigando el caso. Nuevamente tuve que contar todo lo que sabía y otra vez más quedé confundido y lleno de inquietudes e interrogantes.

Pasaron los días y los periódicos y noticieros dejaron de hablar del tema. Al cabo de meses nadie volvía a sacar la cuestión, ni prensa, ni radio, ni televisión…pero yo seguía intrigado y dándole vueltas a lo mismo. ¿Sería mi paciente el autor de tan macabro crimen? ¿Se habría comido a su casera en su afán de comer carne cruda? ¿Y por qué la carne cruda producía un efecto tan espectacular en su musculatura? No pude evitar relacionar este hecho con los ataques a rebaños de corderos sucedidos tiempo atrás. ¿Sería mi cliente también el que había atacado y devorado a aquellas pobres bestias?

Con todas estas cuestiones bullendo en mi mente, me puse a investigar en Internet, donde uno encuentra a veces informaciones que no son las oficialmente publicadas. Mi natural curiosidad me había hecho muy hábil buscando páginas alternativas, poco conocidas y de sabrosa lectura, con lo que sabía que más tarde o más temprano, encontraría algo que me ayudara a entender tan misteriosos hechos.

Pasé meses buscando, hasta que, encontré una atrevida teoría sobre licántropos, que inesperadamente me dio luces sobre todo lo ocurrido. La página web que trataba sobre el tema, exponía una nueva versión de las famosas leyendas de los hombres-lobo: Todas tendrían una base real, fundada en un fenómeno conocido por la ciencia, y estudiado ya en las teorías de Darwin sobre la evolución de las especies. Se trataría de una mutación del genoma humano, causante de alteraciones físicas y conductuales en quienes la padecen.

Por los casos estudiados a lo largo de la historia, secretamente guardados por los gobiernos, los individuos con el genoma alterado por la llamada secuencia que codificaría la licantropía, pasarían primero una fase de latencia, en la que no es perceptible la modificación. Pero pasada la juventud, como hacia los cuarenta años, se produciría la fase de manifestación, en la que aparecerían importantes cambios morfológicos y de carácter. En cuanto a los primeros, se hablaba de una rápida hipertrofia muscular, crecimiento del mentón y de la caja torácica, proliferación de bello por todo el cuerpo y agudización de los sentidos, sobre todo del olfato y el oído. Respecto a los segundos, la personalidad derivaba hacia una aguda sociopatía, y al parecer, el consumo de carne cruda en esta etapa, era imprescindible para que pudiera producirse la transformación de ser humano a licántropo.

La ausencia de valores humanitarios en el ambiente y en la educación recibida, sería un factor decisivo y catalizador de todo el proceso. De hecho, estaba demostrado que si el sujeto afectado era criado en un clima de amor y estimulación positiva, la manifestación de la licantropía podía abortarse por completo.

Antes de la transformación, los sujetos con genoma alterado presentarían un aspecto enclenque y enfermizo, faltos de vitalidad y fortaleza y, -este dato me horrorizó- con una tendencia a tener bajas las defensas por déficit proteínico, ya que en la fase de latencia mostrarían dificultades para asimilarlas. Pero después del cambio, se volverían atléticos y capaces de asombrosas proezas físicas y la asimilación proteica se quintuplicaría produciendo un rápido crecimiento de los tejidos magros.

Sin embargo, una vez terminada la transformación, el aspecto de los sujetos, aunque con más bello y más musculatura de lo ordinario, seguiría siendo humano, por lo que podrían pasar desapercibidos entre la población.

Las leyendas sobre hombres-lobo habrían exagerado sobre el aspecto final adquirido, pero tendrían como base hechos reales, protagonizados por esta nueva variedad de la especie humana. Serían sospechosos aquellos hombres o mujeres que destacaran en capacidades físicas fuera de lo común, ya fuese en cuestión de fuerza, velocidad o resistencia. Algunos se raparían el bello, para mantener oculta su condición. Me sorprendió ver en la lista de sospechosos, algunos atletas de renombre...

La página web relacionaba hechos inexplicables, como matanzas de animales y asesinatos en extrañas circunstancias, con la existencia de estos seres. Y también insistía en que éstos cada vez eran más y se reunían en secreto para conspirar contra el género humano, al cual odiaban.

Mis temores y escalofríos aumentaron con esta lectura, así que decidí dejar de investigar por un tiempo, con intención de serenarme. Tal vez todo pudiera tener una explicación natural.

Quizá mi paciente era solamente alguien introvertido, que se metía inyecciones de hormonas para hacer crecer sus músculos y así llamar la atención de las chicas.

Quizá otro fue el asesino de su casera y él simplemente se mudó de casa por alguna razón desconocida, ignorando todo el desastre ocurrido y después, al ver su foto publicada en el periódico, se escondió por temor a que lo inculparan de un crimen que no había cometido...pero todo lo sucedido cuadraba tan bien con la teoría de la página web...incluso podía ser que cuando mi paciente me visitó por última vez, viniera a comerme a mí también, pero con sus sentidos agudizados, olió a los dos agentes -o lo que quiera que fueran- que andaban tras sus pasos y salió huyendo antes de ser capturado...

En fin, hasta la fecha de hoy, dos años más tarde, no he logrado descifrar el enigma. Pero cuando veo algún paciente falto de proteínas, me guardo muy mucho de recetarle carne poco hecha...

INVISIBLE

Y allí estaba yo, por primera vez acompañado de tres colegas, en el bar que siempre frecuentaba al anochecer. En ese momento llegó una chica muy linda, que además iba sola.... Saludó con mucha simpatía a mis tres amigos, pero algo la distrajo y a mí me ignoró. Después la bella mujer inició una entretenida y amena conversación, como para romper el hielo e integrarse en nuestro grupo; sin duda que buscaba no dormir sola esa noche. Pero bromeó, flirteó y se dirigió a todos excepto a mí. Era como si yo no estuviera, no contara. Enojado y frustrado me despedí abruptamente y me fui.

Esa noche no dormí nada, por el enfado que tenía. Al día siguiente, a pesar del sueño y la irritación, fui a la universidad. El profesor nos sorprendió con una prueba oral sorpresa, para ver si estudiábamos su materia día a día y no la dejábamos para el último momento, como es costumbre para muchos. Iba preguntando cosas a unos y a otros. Yo esperaba mi turno impaciente, pues me sabía bien la lección. Pero mi ocasión nunca llegó. El profesor interrogó a casi toda la clase y a mí ni siquiera me miró. Nuevamente me sentí ignorado.

Salí de la universidad lleno de ira y ofuscado, envuelto en mil oscuros pensamientos. Tan ensimismado me encontraba, que tropecé con un señor, pero éste era tan grande y fuerte que fui yo quien cayó al suelo. El sujeto siguió su camino sin ni siquiera inmutarse. Le grité algunos insultos, pero no me hizo caso. ¿Y qué demonios estaba pasando? ¿Acaso todo el mundo se había puesto de acuerdo en ignorarme?

Decidí ir al cine, a distraerme un rato. Había una cola enorme para entrar, aún así, me puse en la fila, ocupando el último lugar. Esperé por media hora, pero cuando llegó mi turno, el dependiente cerró la ventanilla y colocó un cartel que rezaba: "NO HAY ENTRADAS". Hubiera agradecido alguna breve explicación o disculpa, dado el día que llevaba, pero recibí más de lo mismo. El empleado cerró sin contemplaciones y sin mirarme, ni tener la más mínima deferencia conmigo. Resignado me fui cabizbajo y malhumorado.

Después de pasear durante horas, decidí volver a casa en la micro, posteriormente a que varios colectivos pasaran de largo, haciendo oídos sordos a mis reclamos. Al cabo de un ratito entró un pobre pidiendo plata. Extendí la mano con un billete de mil pesos para dárselo al mendigo, pero éste pasó de largo, indiferente ante mi generosa oferta. Esto ya era demasiado. Hasta ese momento creía que todo podían haber sido casualidades, pero no, algo extraño estaba pasando. Cierto que yo era un tipo que en general pasaba desapercibido…pero nunca de una forma tan exagerada. Era como si mi peor temor se estuviera haciendo realidad: no ser nada para nadie. Terminar siendo alguien que le diera igual a todo el mundo, un don Nadie, un hombre invisible.

Apenado por tan tristes pensamientos, subí a mi departamento y me dirigí de inmediato al baño. Me eché agua fría en la cara, como para despertar de aquella especie de pesadilla. Después de secarme, mi vista se detuvo en el espejo y…Dios mío. No podía ser. No, tenía que estar soñando. Lo que veían mis ojos era espeluznante…ahora entendía todo…miré una y otra vez, me abofeteé la cara para asegurarme de no estar sufriendo una alucinación…no…era real, en efecto, el espejo reflejaba la pared que estaba tras de mí… mi imagen no aparecía.

Aterrado corrí hacia una de las ventanas, buscando mi reflejo, no fuera que el espejo poseyera alguna especie de extraño efecto óptico, pero tampoco encontré ni el más mínimo rastro de mí mismo.

Recordé que al partir en la mañana hacia la universidad, pasé por el cuarto de baño, pero sin mirarme al espejo (solía peinarme con las manos, echándome el pelo hacia delante, sin más, pues no era muy dado a la auto contemplación, ya que nunca me encontré demasiado guapo). Por eso no me había dado cuenta hasta ahora de mi nueva condición: era invisible por completo. Lo extraño era que mi ropa también, y que yo, sin embargo, podía verme a mí mismo y también mis prendas de vestir, pero estaba claro que los demás no me veían y que mi imagen no se reflejaba en los espejos.

¿Cómo era posible todo esto? ¿Sería alguna especie de poder que se estaba desarrollando en mí? Tal vez leía demasiados cómics de súper héroes (cosa que me encantaba hacer) y, como don Quijote con sus libros de caballerías, había perdido el seso de tanto repasarlos. La idea, por descabellada, me hizo sonreír.

Caminé de un lado a otro de mi departamento tratando de encontrar alguna explicación a lo que me estaba pasando. Después de muchas vueltas, lleno de agobio y desesperación, salí a la calle, para comprobar que en efecto, mi invisibilidad fuera absoluta. Insulté a todos cuanto quise, me bajé los pantalones y le mostré el poto a un policía que pasaba, canté a voz en grito en el interior de una biblioteca, bailé encima del mostrador de una farmacia y derribé todas las latas apiladas de un supermercado…nada llamó la atención de la gente. Mi invisibilidad era extraña: no solamente no se me veía, tampoco se notaba nada de cuanto yo hacía. Era como si los objetos que yo lanzaba al suelo, mis gritos y acciones, fueran invisibles también, o por lo menos, resultasen indiferentes por completo, a todos los que me rodeaban.

De repente un miedo terrible mordió mis entrañas: ¿Y si, a causa de la soledad y el aislamiento en que vivía habitualmente me había vuelto loco y nada de cuanto me pasaba estaba ocurriendo realmente? Tal vez todo sucedía en mi mente, por un brote de esquizofrenia o algo así. Pero no, no podía ser. Era todo tan real…

Decidí volver a mi departamento y reflexionar sobre mi nueva condición. Tumbado en mi cama empecé a pensar desde qué momento había empezado a sentirme mal conmigo mismo. Recordé el inicio de mi etapa de mayor soledad, cuando por motivo de estudios, tuve que trasladarme del campo a la ciudad y dejar mi familia y amigos de toda la vida. Nunca conseguí adaptarme a la vida frenética de la urbe, y poco a poco, me fui quedando aislado y sin amigos. Los que tenía estaban muy lejos, y con el paso del tiempo, todo el afecto terminó quedando como aletargado y empaquetado en algún lugar del corazón, que con el tiempo, se fue tornando cada vez menos asequible, debido a la distancia y a mi falta de iniciativa para mantener mis relaciones más queridas.

Recordé haber hecho muchos intentos de establecer nuevas amistades, pero todo el mundo tenía prisa siempre y poco tiempo para ocuparse de conocer a un tipo feo y tímido, con pocos atractivos personales, como era yo. Cuando se organizaba una fiesta en la universidad, nadie me invitaba personalmente, ninguno me insistía en que fuera. Lo único que conocían de mí era el nombre, y solamente unos pocos, pero en eso aventajaban a mis profesores, pues recuerdo alguno que después de todo un año de clases, me preguntó si era alumno nuevo.

La soledad vivida, fue por rachas tan tediosa y asfixiante, que incluso pensé alguna vez en suicidarme… ¡cielos! Al recordar esto, me invadió una angustia aún más espesa de lo habitual. De repente se hizo una luz en mi interior. Agitado y nervioso corrí hacia el baño, movido por un presagio funesto, un destello de claridad que me hizo comprender cuanto estaba pasando…descorrí las cortinas de la bañera y...en efecto: allí estaba yo. Mi cadáver yacía pálido estirado sobre la bañera, llena de agua y sangre.

Ahora lo había recordado todo: Una noche salí al bar de la esquina, al que solía ir solo para ahogar las penas con una y otra cerveza. Allí vi a tres estudiantes de mi universidad, y con un alarde de valentía inaudito en mí, les saludé y les pedí que me incorporaran a su conversación. Justo estaba en eso cuando entró una chica linda, que flirteó con ellos y a mí me ignoró absolutamente. Salí muy enojado de allí y al llegar a mi casa, quebrado por tanta soledad y frustración, tomé un cuchillo de la cocina, me corté las venas y me metí en la bañera con agua caliente, para esperar la muerte.

Y ahora...yo era un alma en pena que vagaba por la ciudad, en un estado de invisibilidad aún peor del que tenía antes. ¿Hasta cuándo tendría que estar en tan lamentable condición?

No lo sé. Pero en cualquier momento podía pasarme otra vez que empezara a soñar que estaba vivo y no recordar mi suicidio. No recordar, eso es, no quería recordar...diciéndome esto me fui relajando y me quedé nuevamente dormido.

Después desperté muy descansado y pasé un lindo día leyendo cómics de súper héroes y comiendo pizzas. En la noche, empecé de nuevo a sentirme solo y decidí ir al bar de la esquina. Allí reconocí a tres compañeros de la universidad.

Venciendo mi habitual timidez, me atreví a pedirles que me incorporaran a su conversación.

Y allí estaba yo, por primera vez acompañado de tres colegas, en el bar que siempre frecuentaba al anochecer. En ese momento llegó una chica muy linda, que además iba sola…

SI PUDIERA CORRER MÁS

Después de otra noche infame, Jan salió de casa muy temprano, corriendo a ritmo suave, para calentar sus músculos, aprovechando el camino hacia el estadio. Le encantaba sentir en su piel el frío y la humedad de la típica niebla londinense, tan espesa en el amanecer. Esto le ayudaba a despejarse.

Llegado al lugar de sus entrenamientos, hizo los ejercicios que le tocaban aquel lunes.

Una vez más terminó agotado y enojado consigo mismo por no poder realizar el objetivo que se había propuesto para ese día. Su ritmo promedio de minutos por kilómetro estaba diez segundos por encima de lo deseado. Esos diez segundos, que en sus mejores momentos de forma podían llegar a cuatro, se convirtieron para él en una auténtica obsesión, porque le separaban del triunfo que deseaba obtener en las olimpiadas.

Y es que para vencer a su principal rival, el etíope Jerome, debía superar ese muro, que hasta el momento, le parecía infranqueable.

A estas alturas, a falta de un par de meses para la gran competición del maratón olímpico, Jan ya lo había probado todo. Dietas, pesas, suplementos vitamínicos y toda clase de técnicas para el alto rendimiento, no parecían dar resultado.

Era como si hubiese topado con el límite de sus fuerzas y éste fuera insuperable.

El estrés y la ansiedad que le producía su obsesión por mejorar el rendimiento, habían hecho que padeciera insomnio y perdiera apetito, por lo que bajó un par de kilogramos de masa muscular, decreciendo aún más la velocidad de su carrera. Pero era un circulo vicioso, ya que al comprobar sus peores resultados, intensificaba aún más el entreno, con lo que cada vez estaba más delgado y agotado.

- Grrrr, si pudiera correr más, si pudiera correr más...- Se decía Jan maldiciendo su suerte, y eso que había ganado recientemente el maratón de Boston, pero el segundo puesto en el de New York, le hizo entrar en este círculo obsesivo del que no conseguía escapar, por más consejos que le daban sus colegas y amigos. Superar al rival que le derrotó, la nueva revelación africana, Jerome, era desde hacía un año, su único pensamiento.

El mal humor y el pesar le estaban haciendo también, alejarse de sus seres queridos. No tenía tiempo para ellos. Su novia, aburrida por el ostracismo y el centramiento en sí mismo de Jan, había terminado por dejarle.

Jan ahora vivía sólo para ganar y ser el mejor, nada ni nadie le importaban más que esto.

Pero el día 6 de enero ocurrió algo que cambiaría para siempre su vida. Educado en la tradición católica, aunque alejado de la Iglesia, todavía conservaba cierta fe "a su manera", quizá más por costumbre social y familiar que por verdadera conversión. Es por esto que la víspera de la celebración de los Reyes Magos, Jan le pidió a Dios que le diera nuevas fuerzas para mejorar su carrera deportiva, ya que sentía peligrar el futuro de lo que, desde siempre, había sido la profesión de sus sueños.

A las seis de la mañana, después de un frugal desayuno, partió a correr hacia el estadio, como hacía siempre. Pero cuando empezó su séptima serie de 1 km acusó una fatiga inusual. Sin embargo, no hizo caso y continuó su rutina de entreno, empleándose todavía más y más a fondo. En la serie doceava, corriendo a un ritmo de 2:55 minutos por kilómetro, sintió una punzada aguda en el pecho, acompañada de un angustiante mareo, la visión se le nubló y comenzó a notar una especie de ingravidez en el cuerpo. Enseguida perdió la consciencia…

De repente, despertó sobresaltado por un griterío de voces que martilleaba sus oídos, voces desgarradas que expresaban desesperación y ansiedad. Después su visión volvió a la normalidad y pudo comprobar con estupor que se hallaba en un lugar desértico e inhóspito, rodeado de personas con aspecto árabe, que corrían como si les fuera la vida en ello. Progresivamente fue tomando consciencia de su cuerpo y se dio cuenta de que él estaba corriendo también, aunque lenta y tortuosamente. Miró hacia abajo y con espanto pudo comprobar que le faltaba una de sus piernas, lo que le hacía correr entre el pelotón de rezagados, juntos a otros mutilados como él y también con viejos y algunos niños muy pequeños. Su cuerpo ahora lucía una piel seca y morena, como tostada por horas y horas de sol. En el horizonte pudo divisar lo que motivaba la carrera de aquellas gentes: Unos paracaídas, lanzados por la Cruz Roja, descendían desde lo alto, portando cajas de comida, medicinas y algunas piernas ortopédicas.

Los más rápidos eligieron primero y se llevaron todas las provisiones, medicinas y equipamientos que pudieron cargar, apenas unos pocos restos quedaron para Jan y sus lentos compañeros.

De repente Jan se dio cuenta de que entendía la lengua de las personas que le rodeaban, a pesar de que nunca había estudiado árabe y comenzó a entablar conversación con éstas. Le contaron cómo vivían miserablemente en aquel poblado abandonado del mundo y plagado de minas antipersona que iban mutilando lentamente a los habitantes del lugar, y cómo aquellas ayudas humanitarias que llegaban de vez en cuando eran la única expectativa de mejorar su penosa condición. Un hombre viejo y mutilado también de una pierna, le decía:

- Si pudiera correr más, si pudiera correr más…- Las palabras del viejo atravesaron el corazón de Jan… Recordó cuántas veces había pensado él eso mismo, en su afán de ganar a toda costa la medalla de oro que tanto soñaba. Se hizo consciente de la vanidad y de los deseos de fama y prestigio internacional que sedujeron su corazón hasta convertirlo en un hombre solitario y obsesionado con el triunfo…en cambio, aquel pobre viejo se lamentaba de no poder correr más rápido para obtener los alimentos que con urgencia necesitaban él y su familia y conseguir una nueva prótesis que le permitiera caminar mejor…se sintió avergonzado de sí mismo, mientras escuchaba una y otra vez el lamento del pobre anciano "Si pudiera correr más, si pudiera correr más, si pudiera correr más…"

De repente se encontró de nuevo en el estadio, tumbado en el suelo, mientras otro atleta le daba suaves bofetadas en la cara para despertarle.

-¿Dónde estoy?- Preguntó Jan.

Estabas entrenando y te desmayaste… ¿Te encuentras bien?- Le explicó el deportista que le había socorrido.

-Sí, sí, gracias…ya estoy bien.

Jan volvió a casa profundamente conmocionado y lleno de interrogantes. Después de descansar un rato, se puso a navegar por Internet, interesado en buscar lugares del mundo donde pudieran darse situaciones similares a las que había visto en aquella especie de sueño, visión o tal vez conexión con otra alma, tras su desvanecimiento en la pista de atletismo. Le asombró encontrar tantos sitios donde las minas anti-personas, la miseria y el hambre hacían estragos en la población, sobre todo en el lejano Oriente. Recordó que era el día de los Reyes Magos, aquellos reyes venidos también del Oriente y se preguntó si su petición a Dios habría sido respondida a través de aquel incidente en el entrenamiento.

A partir de ese día Jan cambió radicalmente el curso de su vida. Decidió dar un enfoque solidario a su profesión y desde entonces siempre corrió para recaudar fondos e ingresarlos en la cuenta de una ONG de los jesuitas, que luchaba por la promoción humana de personas dañadas por las minas anti-persona y por la erradicación de este tipo de armas en el planeta. Volvió con su novia, recuperó a sus amigos e hizo muchos más. Su rival Jerome le ganó en las olimpiadas, pero no le importó. Ahora su carrera deportiva brillaba como jamás antes, tal como le había pedido a Dios aquel día de Reyes. Era más feliz que nunca.

AMENAZADO DE MUERTE

No existe otra luz bienaventurada que ilumine los oscuros abismos del sufrimiento más que el mismo Dios. Y a Él sólo lo encontramos si benevolentemente decimos sí a la incomprensibilidad de Dios, sin la cual él no sería Dios. Karl Rahner

Cuando te han amenazado de muerte, ya nada vuelve a ser lo mismo. Se siente como una especie de nostalgia, un intenso deseo de volver a recuperar tu vida tal y como era antes de ese fatal momento, en que una mente criminal te dejó un mensaje diciendo que tus días están contados.

Y es que la amenaza te deja un sabor amargo, una cierta angustia e inquietud que no se disipa nunca, por más medidas de seguridad y precauciones que uno tome, o por más esfuerzos que se realicen para hacer una vida lo más placentera posible y distraerse del tema. Una y otra vez vuelve el miedo y la obsesión: es como esa típica mosca repugnante y molesta, que cuanto más la azuzas para que se vaya, más insiste en quedarse, como si encontrara gusto en hacerte rabiar.

Es terrible no saber cuándo ni dónde puede suceder, ni quién será el agente encargado de tan sucio trabajo. En todo momento uno queda expuesto a la incertidumbre y la inseguridad. ¿Será mientras duermes? ¿En la calle, de camino al trabajo? ¿En el trabajo mismo? Ningún lugar, ninguna compañía te ofrecen una seguridad suficiente como para eliminar por completo tu ansiedad.

Sin embargo, no hay peor compañera para estos casos que la soledad. Así que en la medida de lo posible, procuré rodearme de gente y aferrarme a mis seres queridos lo más que pude, esto, como decía antes, no te quita totalmente el ansia, pero conforta y da fuerzas para seguir adelante, a pesar de todo.

Incluso consulté a algunos entendidos, que según me habían dicho, conocían a mi enemigo, buscando alguna solución definitiva, pero nunca ninguna teoría me dejó del todo convencido. El primero me aconsejó tratar de agradar a mi verdugo, ya que tal vez mi buena conducta pudiera conmoverlo y así otorgarme el beneficio de vivir más tiempo y una muerte al menos un poco más dulce. Lo de morir era seguro, pues se sabía que mi perseguidor no perdonó la vida ni tan siquiera de su propio hijo. El segundo me propuso huir lo más lejos posible, aunque me advirtió que no conocía personalmente ningún caso que hubiera conseguido escapar de sus garras. El tercero me dijo que era tonto por creer verdadero a mi presunto atacante, que tenía más de leyenda y cuento chino que de realidad y que seguramente habría sido otro, el responsable de los crímenes que yo le imputaba. Pero el más absurdo de todos mis consejeros fue uno que trató estúpidamente de convencerme de que el asesino que me buscaba era bueno, y que tenía sus razones para hacer lo que hacía, aunque yo no lo entendiera.

Quedé muy enojado, confuso y perplejo. Peor de lo que estaba, ante tanta variedad de consideraciones. Pero lo cierto es que otros ya habían muerto, y si bien no podía saber seguro quién era responsable de sus muertes ni si el verdugo era el mismo del que yo sospechaba, igualmente estaban muertos, y eso me asustaba.

Me aterraba el hecho de que hubieran fallecido, pero también la forma. Mi mujer fue torturada durante seis horribles años hasta que por fin, el villano le quitó la vida del todo. ¿Qué mente perturbada podía planear y ejecutar algo así? No me cabía en la cabeza cómo alguien podía ser capaz de tanta maldad. Mi hijita, machacada brutalmente…no le quedó ni un hueso sano, después del brutal aplastamiento al que la sometió. Al menos a ella, le concedió una muerte instantánea y ojalá le resultara rápida e indolora, a mi pobrecita criatura. Y mi hermano querido…todavía lloro cuando recuerdo su cadáver, acuchillado en plena vía pública. El cruel homicida me dejó prácticamente solo, salvo por unos pocos amigos, pero sin mi familia más directa y encima amenazado de muerte, y sin ninguna esperanza de salir victorioso de semejante aprieto. ¿Qué podía yo hacer ante un drama de semejantes proporciones?

Entonces hallé la solución que me pareció más noble y valiente. Ya que era inevitable el desenlace fatal, vista la fama de implacable de mi temible adversario, decidí privarle del gusto de ensañarse conmigo de la forma que le pareciera, y tomé la firme decisión de suicidarme. Al menos moriría libre, de la forma y el día que yo quisiera.

Y como no sabía cuándo, ni dónde podía ser yo sorprendido por mi rival, me dispuse a hacerlo cuanto antes.

Totalmente decidido, con los latidos del corazón golpeándome con furia el pecho y las sienes, fui hasta la mesita de noche, saqué la pistola que allí guardaba y me volé la tapa de los sesos.

Cuando recuperé la conciencia, una música suave y agradable, un olor exquisito y una intensa sensación de ser amado me envolvían con una dulzura, que si bien me era reconocible por parecerse a experiencias de afecto anteriores, no tenía comparación con nada probado hasta entonces, pues su extremado ardor y el modo en que me colmaba, era novedoso e inefable. Me di cuenta enseguida de que estaba por fin cara a cara con el que yo creí tantos años mi perseguidor y sicario: Dios.

Sin expresarse con palabras, con un tierno abrazo, me hizo comprender los muchos errores en que yo había incurrido, malogrando gran parte de mi existencia. Me hizo entender que Él nos había creado para la Vida, no para la muerte, y una vida eterna, feliz y sin fin. Me aclaró que no tuvo la culpa del cáncer de mi mujer, ni del atropello de mi hija por aquel fatídico camión que se saltó el semáforo rojo, ni de que aquel delincuente usara mal su libre albedrío y acuchillara a mi hermano por no haberle dado el dinero que quería.

Ahora comprendía que Dios solo intervenía enviando la fuerza y el amor de su Espíritu a las personas, y no se metía a trastocar las leyes de la naturaleza, a las que había dotado de autonomía, ni tampoco forzaba o menguaba la libertad otorgada a los seres humanos. Por fin también, pude captar el sentido y el significado del sufrimiento en el mundo y dejó de ser para mí una prueba de su maldad. Entendí lo necesario que era éste, en su divino plan de salvación universal, y como nunca antes, comprendí todas las razones que encerraba ese gran Misterio. Me sentí avergonzado y confundido, arrepentido y culpable, después de saber todo esto y darme cuenta de la magnitud de mis errores y pecados. Pero Dios siguió abrazándome, más y más fuerte, durante un tiempo incalculable, hasta desvanecer toda mi tristeza y dejar puro y limpio mi corazón. Supe que con Él, siempre era posible empezar de nuevo.

Entonces desperté en el hospital. Las enfermeras se asombraron, y entre nerviosismo y alegría me explicaron que había estado en coma tres años, y que no se explicaban mi milagroso retorno. En ese momento sonreí contento. Yo sí tenía una explicación. Una bella y grandiosa explicación, que ardía en deseos de contar a todo el mundo.

MARTIRIO

Faltaba poco, muy poco, para consumar mi martirio. Unos segundos más y todo habría terminado. Mi vida entera desfiló ante mí, reconcentrada, a modo de recordatorio final o despedida. Es increíble lo rápido que una piensa en esos instantes.

Recordé mi venida a este mundo allá donde nace el río, un día de primavera en el que la naturaleza desbordaba de belleza y colorido por doquier.

Desde la infancia, mis educadoras me habían enseñado a trabajar y a entrenar duro, pues era necesario estar concienzudamente preparada para enfrentarse al Enemigo.

Me entregué con mucha pasión al ejercicio físico. Desde que tengo uso de conciencia estuve siempre en movimiento, constantemente alerta y dispuesta para el combate; lista para pelear por aquellas a las que amaba.

En la lucha era vital saberse apoyar y coordinar con otras. Se trataba de trabajar en equipo. Sabíamos que solas no podíamos lograr gran cosa, pero unidas, era posible la esperanza.

El Enemigo nos aprisionaba y oprimía desde hacía siglos y a menudo caíamos en el desánimo y el tedio. Parecía muy poco lo logrado, mucho el esfuerzo para tan pobres resultados. Bastantes dimitían descorazonadas, ante la lentitud del cambio, se evaporaban de repente, abandonando a sus hermanas, dejándolas solas en la pelea por mejorar las condiciones de vida en que vivíamos sumergidas. Otras quedaban estancadas por las dudas y terminaban pudriéndose en una estéril falta de compromiso y determinación. Algunas se mantenían indiferentes a todo y se hacían de hielo, para no sufrir y dejar pasar el tiempo, sin demasiadas complicaciones. Y muchas sencillamente vivían el presente buscando sus placeres más inmediatos, sin mayores planteamientos, ni preocupación por las siguientes generaciones, ni por nada que no fuera bañarse en el propio gusto.

Yo también viví esas incitaciones, sobre todo en mi adolescencia, cuando una pone en cuestión todo lo que sus mayores le enseñaron. Incluso llegué a pensar que el martirio de otras compañeras, sus vidas sacrificadas, habían caído en saco roto, ya que el Enemigo seguía impidiendo nuestro avance, firme y poderoso, pétreo e inexpugnable, casi indiferente a nuestros constantes intentos de cambiar el orden establecido. Es cierto que constatábamos avances, pero eran tan pequeños, tan insignificantes, que la desmoralización era una tentación permanente en nuestras vidas.

Sin embargo, ya adulta, me di cuenta de que no ganábamos nada cayendo en la autocompasión y el derrotismo. De qué serviría renunciar a la lucha y llevar una vida tranquila, si esa vida era de esclavitud y alienación. Para qué disfrutar del río y sus peces, del aire y los bellos paisajes de nuestra tierra, si nuestro destino era estar encerradas, clausuradas, obligadas a estar para siempre en aquel pequeño valle, cercenadas por una cárcel de piedra que nos impedía ser nosotras mismas, ser libres para ir por donde quisiéramos, hasta perdernos en el infinito horizonte que se adivinaba tras las rocas de nuestro cautiverio.

No. Valía la pena intentarlo. Y eso es lo que hice. Consagré mi vida a la causa. Sabía que mi camino y el de otras mártires no era para todo el mundo. Por eso nunca forcé a nadie a seguirme, pero sí agradecí la colaboración y el apoyo de muchas, que si bien no compartían esta opción, sin embargo, nos ayudaron todo cuanto pudieron. No todas teníamos la misma misión en esta lucha, por eso yo respeté siempre otras formas de batalla.

Renuncié a todo y junto a otras compañeras me dediqué a prepararme para el Gran Sacrificio, el momento que algunas de nosotras aceptábamos voluntariamente: dar la vida por nuestras amigas, por el bien común, el bien de nuestra gente. Para que algún día, conseguida la libertad de nuestro pueblo, fuéramos recordadas con gratitud y otras pudieran disfrutar de lo que a nosotras nos fue vedado: una vida en libertad, una vida digna, sin muros que nos repriman y asfixien, sin enemigos que pongan freno y obstáculos a nuestro desarrollo, una vida feliz y plena para todas.

Y ese momento sublime y dramático, ese instante en el que todo lo que has sido emerge de pronto haciéndose fuerte y manifiesto como nunca, había llegado. Y, a pesar de saber que contaba con el apoyo y el amor de tantas, y de creer firmemente que un mar eterno de amistad y comunión me esperaba al otro lado, sentí soledad y miedo. Soledad porque nadie podía hacer esto por mí, era mi responsabilidad, mi vida, mi ser el que se entregaba y se inmolaba sin vuelta atrás, aceptando todas las consecuencias de aquel acto. Miedo…al dolor, a la inutilidad de mi gesto, a que no hubiera nada al Otro Lado…

Pero mis principios y mi fe fueron más fuertes y seguí adelante, con mayor ímpetu y brío, haciendo acopio de todas mis fuerzas, y así, seguí avanzando, cada vez a mayor velocidad, hasta que por fin llegó la hora, el momento culminante, el salto hacia lo desconocido, la entrega total. Sin frenarme ni pensarlo más, salí disparada del torrente del río y me estrellé contra el Enemigo, el muro de piedra que nos impedía acceder al océano.

Antes de extinguirme por completo y ya viendo mi cuerpo saltar en mil pedazos pude darme cuenta del pobre resultado del impacto; apenas un infinitesimal fragmento de roca se desprendió por mi causa. Sin embargo sentí una extraña satisfacción: aquella minúscula porción, aquella leve erosión producida, eran mi aporte a la causa de mi pueblo, lo que yo había podido dar, lo que daba sentido a toda mi vida, toda mi entrega anterior. Y llena de felicidad, desaparecí, desintegrada.

Sin embargo, después de un tiempo incalculable, como despertada de un agitado sueño, amanecí al Otro Lado. Fue una sensación increíble. Era un sentimiento de comunión máximo, un gozo nuevo, más allá de lo que nunca antes pude imaginar. Estaban allí todas las gotas que anteriormente a mí impactaron contra las rocas para horadarlas, como había hecho yo. También se hallaban las que siempre nos ayudaron o apoyaron de alguna manera nuestra causa. Y, así, en aquel océano sin fin en que me encontraba sumergida, pude ver el Muro de piedra derruido por completo y la bravura y fuerza del río, que ahora, libre de trabas, desembocaba salvaje en el Océano. Valieron la pena todos y cada uno de los esfuerzos realizados. Éstos formaron parte de un plan, trazado desde antiguo, en el que cada pequeño pedazo de roca desprendido contribuyó a la gran obra que ahora, extasiada, contemplaba. Qué hermoso sentirme "yo" al tiempo que océano, saber que éramos millones y millones, pero desde esa exuberante multiplicidad, a la vez, éramos Una.

La gota horada la piedra, no por su fuerza, sino por su constancia

Publio Ovidio Nasón, poeta romano

MEMORIAS DE UNA VAGABUNDA

Como experimentada vagabunda, después de viajar por muchos lugares y conocer todo tipo de gentes, he llegado a algunas conclusiones, que me gustaría contarles a modo de memorias, ya en las postrimerías de mi existencia, tras una vida entera dedicada al estudio del género humano.

Siempre me llamó la atención el modo de organización en clases, de más a menos dinero, como sabiamente señalara Marx ya hace bastantes años. Clases en tensión y en lucha por el poder, eternamente enfrentadas.

Mi experiencia con los de más plata, la llamada clase alta, no fue muy placentera. Recuerdo que una vez, mientras casualmente sonaba en la radio la genial canción de los Rollings: "Satisfaction", me di un atracón en la cocina de unos ricachones, creyéndome sinceramente invitada: al poco tuve que vomitarlo todo, pues los muy desgraciados trataron de envenenarme. Ese es el estilo general de esa gente: muy limpios y engalanados por fuera, pero podridos de egocentrismo y malas intenciones por dentro. Fue la única vez que probé suerte con la alta alcurnia, y no me quedaron ganas de repetir. Además, con tanto dinero, invierten hartos recursos en alejar intrusos y seres no deseables, que como yo, son de baja condición, así que decidí no volverlo a intentar nunca más.

Con la clase media me fue algo mejor y conseguí vivir bastante bien algún tiempo, sin embargo acabaron también por despedirme, usando toda clase de trampas para conseguirlo, eso sí, pues nunca se atrevieron a decírmelo directamente, los muy cobardes. ¡Triste condición la mía, siempre echada de todas partes! Encontré que esta clase no era mucho mejor que la anterior, pues criticaban a los de arriba por ser ostentosos y superficiales, pero ellos se morían de la envidia y no vivían más lujosamente, no por austeridad, sino por falta de dinero para realizar las fantasías hedonistas que a menudo les rondaban. Dinero, dinero… ¿por qué les volverá tan locos a todos?

Por último hablaré de mi clase favorita, los más pobres. Ellos siempre me acogieron y alimentaron y compartí y conviví con ellos el tiempo que quise. Por eso yo y otras muchas amigas compartimos techo y pan con ellos, codo con codo, y así seguirá siendo, hasta el resto de mis días. Lo bueno es que esta clase va cada vez más en aumento, con lo que, mi futuro y el de mis hijas y nietas, está más que asegurado.

Es curioso cómo estas tres clases luchan entre sí desde hace tantos siglos y de qué manera pelean a veces hasta matarse. Y se da una ley que se cumple implacablemente: El de arriba desprecia y oprime cuanto puede al de abajo y el de abajo critica el despotismo y la injusticia del de arriba, pero cuando el de abajo consigue llegar arriba, es tan o más despótico e inicuo que el anterior. Qué penoso.

Y todo por tener más o menos billetes en la mano. Parece que eso es lo que más importa a los humanos, sean de la clase que sean. Siempre quieren más y nunca quedan satisfechos. Y eso que la naturaleza les ofrece bienes y alimento para todos, pero unos pocos se esfuerzan en acapararlo todo, mientras otros muchos pasan hambre. Realmente el ser humano es un depredador voraz...el peor de todos...incluso para sí mismo.

El otro día sentí un fuerte rugido de la Madre Tierra. Parece que está enojada. Y no me extraña en absoluto, ya que el balance de la gestión humana ha supuesto poner a casi dos millones de especies animales en peligro de extinción, una deforestación del 50% en bosques tropicales, destrucción de la capa de ozono, calentamiento del planeta o aumento del efecto invernadero debido a la emisión descontrolada de gases, especialmente de dióxido de carbono; contaminación progresiva en mares y ríos, lluvias ácidas, trastorno climático, desertización, contaminación acústica, pueblos enteros sometidos a sequías o a desastres naturales, y otras tragedias ecológicas, que por no alargarme tanto, prefiero obviar.

Ante todo esto, mi última conclusión es que El homo sapiens tiene sus días contados y creo que ya toca, incluso me atrevería a decir que conviene, un relevo en la cúspide de la pirámide natural.

No está bien que yo lo diga, pero creo que nosotras lo haríamos mejor. Nos adaptamos a todo, comemos cualquier cosa y no solo no contaminamos, sino que limpiamos de basura los terrenos donde habitamos. Somos pacíficas, excepto cuando nos agreden o tenemos hambre, y es cierto que a veces devoramos a nuestros propios hijos, pero solo cuando no tenemos otra cosa para comer, ¡y es por supervivencia, no por gusto, como hacen algunos humanos!

Además somos humildes, no como los hombres, que se creen el centro de todo, la cumbre de la evolución y demás patrañas, y se autodenominan sapiens, cuando en realidad son ignorantes y zafios, y para probar esto no hace falta más que echar una miradita al mundo maltrecho por la falta de inteligencia en el aprovechamiento de sus recursos. Se piensan que son la única especie inteligente de la tierra —solo porque usan un lenguaje articulado- y desconocen el modo de comunicación telepática que usamos entre nosotras y con la Madre Tierra, así como el de otras especies. Pero pronto saldrán de su error, cuando conozcan de verdad nuestro poder y bajen unos cuantos puestos en la escala, como hace tiempo se merecen.

Solamente los insectos podrían hacernos sombra, pero creo firmemente, que ganaremos nosotras.

En fin, han sido unas breves consideraciones, nada más, pero un apetitoso olor a queso me está atrayendo, así que dejaré mis memorias para otro momento. Tal vez cuando las termine, ustedes los humanos ya no estarán en la cúspide, así que disfruten de su hegemonía mientras puedan. Se despide con ternura, una pobre vagabunda, antropóloga de afición y miembro de la humilde y bella especie que está llamada a sucederles: LAS RATAS.

LA PUERTA DE LA LUZ

La escala del cielo está oculta en el interior de tu alma. Isaac de Nínive

En el planeta Tenebra (que antiguamente se llamaba Iluminia, por estar siempre brillante y luminoso, como un sol) la gente se desesperaba por encontrar la Puerta de la Luz, pero hasta ahora nadie había encontrado la manera. Los tenebrinos vivían en la más absoluta oscuridad y los espectros tragaluces gobernaban el mundo y emergían constantemente del Cráter Negro, para devorar cuantos haces de luz pillaran por delante.

La tragedia de Tenebra se remontaba a tiempos antiguos, en el que los Iluminios (pues así se llamaban los nativos de Iluminia) prendados y hechizados por el poder de la Luz, decidieron desterrar la oscuridad y también las sombras que sus propios cuerpos proyectaban. Lejos de conseguir lo pretendido, rompieron el equilibrio cósmico y en su planeta se originó así el Cráter Negro, un lugar pestilente y sórdido, de donde emanaron sin cesar abominaciones y fantasmas que devoraban la luz con un hambre insaciable. Iluminia pasó a llamarse Tenebra y quedó sumida en una sempiterna y cerrada Noche.

Algunos, los más ancianos del lugar, aseguraban que en algún momento nacería en el pueblo alguien con un don especial, capaz de encontrar el camino y devolver la luz y el equilibrio a Tenebra. Las profecías hablaban de la Puerta de la Luz, un lugar oculto en el planeta que solamente el Elegido podría conocer y penetrar para restablecer la gloria luminosa de antaño. Mientras tanto, había que pertrecharse y protegerse contra los espectros y vivir lo más alejado posible del Cráter Negro y sus alrededores. Es por eso que los espectros dominaban ya la mitad del hemisferio de aquel mundo y seguían avanzando, peligrosamente.

Habían pasado siglos de oscuridad, pero cuando los tenebrinos ocupaban ya solamente un tercio del planeta, amedrentados y arrinconados por los espectros, ocurrió algo que habría de cambiar para siempre el curso de la historia. Un niño nació con una singular característica: emitía luz propia, sin depender de ningún sol ni fuente que lo llenara de energía. Nunca antes había sucedido esto, y algunos pensaron que por fin se estaban cumpliendo las profecías tanto tiempo esperadas por el pueblo. Ante el posible ataque de los espectros, el niño fue custodiado y vivió oculto durante muchos años. Hasta que, después de un largo período en el que fue madurando y descubriendo la misión para la que había nacido, se decidió a proclamar a los cuatro vientos, la verdad que había venido a decir al mundo: el secreto del equilibrio, el modo de recuperar la luz de antaño, la puerta que tantos buscaron sin éxito para devolver al mundo su antiguo resplandor.

Entonces, tras tanto tiempo de espera y esperanza, el Elegido convocó a todos a una reunión en el monte más alto de Tenebra y allí les reveló el camino, el lugar exacto donde dirigirse para hallar la Puerta de la Luz.

Unos imaginaban el lugar entre las nubes encumbradas del monte más alto, otros creían que estaría escondida en las profundidades marinas, algunos la pensaban encontrar dentro del fuego que emanaba de los volcanes del Norte y muchos especulaban sobre muy diversos territorios, pero siempre eran sitios donde los tenebrinos jamás habían llegado por estar fuera de su alcance y posibilidades.

Cuando llegó la hora de la Revelación todos estaban expectantes. ¿Dónde estaría la Puerta? ¿Y cómo llegar hasta ella? Eran las preguntas que los sabios habían tratado de averiguar desde los orígenes de Tenebra.

Y al fin, el Elegido habló.

Pero su mensaje fue realmente desconcertante, diferente a lo que los tenebrinos habían imaginado por siglos. El Elegido les dijo que la Puerta de la Luz siempre estuvo allí, pero nadie supo verla: En el Cráter Negro. Cada cual debía armarse de valor y rescatar su sombra, aprender a vivir con ella pegada a los talones y ayudar a los demás a hacer lo mismo. Sólo así se restablecería el equilibrio y Tenebra volvería a brillar como antaño, recuperando su verdadero nombre.

El desconcierto y el revuelo armado fue máximo: Esto no era lo que se esperaba oír. La gente pensaba que el Elegido lograría devolver la Luz a Tenebra de un modo espectacular y fulminante, allí mismo, con un prodigioso milagro. ¿Acaso no era el Elegido y brillaba con luz propia? Pero esta predicación nueva sonó a fraude y herejía. La mayoría se marchó a casa decepcionada y entristecida, otros más iracundos, insultaron al Elegido y algunos hasta le tiraron piedras. Sin embargo unos pocos atrevidos quedaron interrogados y le siguieron para reunirse con él y hablar con más calma del tema.

Fue así como el Elegido formó su primera comunidad de seguidores, a los que entrenó y aleccionó para la difícil epopeya: Penetrar en el Cráter Negro, el mundo de los espectros, para rescatar la propia sombra y devolverla a los propios talones.

Se cuenta que, cuando por fin estuvieron preparados, salieron clandestinamente a cumplir su misión y que, después de una feroz y encarnizada lucha al interior del Cráter Negro, consiguieron recuperar su sombra.

Este hecho tuvo un efecto inmediato y la negrura espectral de Tenebra retrocedió posiciones, dejando el mundo un poco más luminoso. Los incrédulos y detractores de un primer momento quedaron impresionados y se hicieron obedientes al Elegido, con lo que, al final, todos vencieron sus iniciales temores y se lanzaron a la batalla, en busca también de sus sombras perdidas.

La pelea fue durísima, pero cada uno logró rescatar a su oscura compañera y de este modo el planeta volvió a llamarse Iluminia, el mundo del orden y la paz que antiguamente había sido. Luz y oscuridad, sol y sombras, noche y día, todo recuperó su cadencia natural, su adecuada combinación, su magistral armonía y el universo entero alcanzó su apropiada mesura.

Si hoy usted tiene una sombra pegada a los talones, tanto más oscura cuanto más luzca el sol de su mundo, dé gracias al valor de los iluminios, que ganaron esta batalla ancestral, recuperando así el equilibrio del Universo.

LAS PRUEBAS DE ARTELEK

El planeta Magistralia es el lugar donde todos los espíritus vienen a obtener su título de Maestros, para después ser repartidos por el Universo, allí donde más falta hagan.

Una vez llegó allí Artelek –el espíritu del Arte- y se presentó al Consejo de la Triple Sapiencia, para iniciar su aprendizaje.

Las tres voces del Consejo le dijeron al unísono:

"A Cavernalia has de ir,

para tu arte bien vivir".

Y así fue como Artelek se fue para Cavernalia, sin más explicaciones ni encargos.

Los caverninos habitaban Cavernalia desde hacía años inmemoriales y su modo de vida era simple: Comer, beber y divertirse mientras el sol luciera sobre sus cabezas (cosa nada difícil, pues en aquella zona de Magistralia, no se ponía nunca el sol).

Artelek interpretó que el Consejo lo había mandado allí para ganarse el aplauso de los caverninos mediante su Arte, así que, tras haber concluído esto, se dedicó con ahínco al estudio de la mente cavernina –lo cual no le llevó mucho tiempo, pues en realidad era muy poca la materia a investigar- y amoldó y rebajó su arte todo cuanto pudo para que encajara con la idiosincrasia del lugar.

El resultado fue apoteósico y Artelek se cubrió de gloria y honores, aclamado e idolatrado por multitudes caverninas, que lo consideraron un dios.

Contento de su gran éxito se presentó ante el Consejo. Pero después de un grave silencio, las tres voces se pronunciaron diciendo:

"Tu Arte malograste,

por tanto: reprobaste"

Cabizbajo y entristecido Artelek volvió a Cavernalia y durante mucho tiempo no creó nada, pensando y discerniendo sobre qué hacer para alcanzar el grado de Maestro que tanto anhelaba.

Entonces tuvo una idea y se entregó con energía a su nueva creación. Esta vez haría algo intrincado y vanguardista, para mentes que gustan de las alturas excelsas y de las profundidades recónditas donde solo una elite exquisita puede aspirar a llegar.

Cuando llegó el día de su magna exposición, el abucheo fue máximo y los caverninos, aburridos, se fueron, como siempre, a comer, beber y divertirse bajo el sol.

Contento por su esperado fracaso, Artelek se presentó de nuevo ante el Consejo, anhelando ya por fin obtener su graduación. Pero la Triple Sapiencia pronunció como una sola y a la vez múltiple voz:

"Tu Arte de nuevo has malogrado

por lo tanto, otra vez: reprobado"

Compungido y triste, Artelek viajó al territorio de Nadallín, donde, como el propio nombre indica, no hay nada ni nadie allí.

Harto del Consejo y de sus pruebas y de la ignorancia cavernina, Artelek decidió establecerse en aquel desértico lugar y dedicarse a crear a su aire y a su gusto, sin preocuparse de agradar al Consejo ni a los cavernicolas, ni a ningún ser del Universo. Dejó que su arte le brotara de dentro, sin represión ni tapujos, sin temor al fracaso ni pretensiones de triunfo; y todo el caudal de belleza que emanaba de su corazón se desbordó en un torrente de creación gloriosa y estética.

El resultado fue maravilloso y Artelek sonrió contento y satisfecho y decidió dedicarse por entero a producir para siempre su Arte, por el Arte en sí mismo, sin dejar que nada ni nadie pudiera desviarlo de aquella bella misión a la que quería consagrarse.

Y fue entonces, cuando el Consejo irrumpió de repente y con su triple voz al unísono dijo en tono firme y claro:

"Esta vez sí has sido

fiel al divino Arte:

Que tu inspiración embellezca,

el mundo del que formes parte"

Y con estas palabras el Consejo dio el título de Maestro a Artelek y lo envió al Universo, para que iluminara las mentes de todos aquellos seres, que con sincero corazón buscan la Belleza, por la Belleza en sí misma.

Si usted quiere ser un verdadero artista, al que no ensoberbezca el éxito ni deprima el fracaso, aprenda de Artelek y ruéguele su inspiración, para que la Belleza fluya y así su mundo, se torne un poco mejor.

EL AJEDRECISTA SINIESTRO

Inicié la partida con "e4", en honor al gran maestro Bobby Fischer, pues él siempre decía que todos los que no salen así son unos cobardes. Y es que "e4" da pie frecuentemente a aperturas muy abiertas y generalmente agresivas, propia de jugadores que gozan más de las combinaciones inspiradas que de la sólida, pero aburrida, estrategia posicional.

-Vaya, veo que eres agresivo y que te gustaría poder simplificar y resolver rápido todos los problemas...pero no creas que eso es una virtud.

Quedé sorprendido y enojado ante el descaro de un contrincante al que apenas conocía. ¿Y qué demonios sabría él de mi forma de ser? ¡Será posible! ¡Estaba haciendo suposiciones a partir de una sola jugada!

-Bueno...es pronto para opinar...queda mucha partida por delante... ¿no?- Dije, con rabia contenida, procurando ser diplomático, a pesar de todo.

Pero el comentario de mi adversario me desconcentró y cometí un fallo que le dio ventaja posicional, por lo que en la fase de juego medio, la situación era ya insostenible y tuve que abandonar, abochornado.

Me fui despidiéndome con un adiós que pareció más bien un gruñido y citando a mi oponente para el día siguiente a la misma hora. Como hacía siempre después de la partida de la tarde, fui a relajarme con mi amigo, el camarero del bar donde se albergaba el club de ajedrez. Me gustaba conversarle de mis cosas, mientras me tomaba una helada cerveza.

-¿Qué tal te fue hoy?- Me preguntó, tan cortés como siempre.

-No fue un buen día. Creo que debo cambiar mi estrategia y no salir más con "e4".

-¿Pero no era esa tu salida favorita? ¿No era esa la apertura de los grandes campeones, como me decías ayer?

-Bueno, los grandes campeones cambian de opinión y no se estancan siempre con las mismas jugadas, la variación y la creatividad, son típicas de los genios.

Mi amigo asintió con amabilidad y expresión interesada, me agradaba cómo acogía siempre mis palabras con veneración, como si yo fuera un gran sabio.

Una vez en casa, saqué mis libros de ajedrez y me dediqué al estudio hasta que me dormí sobre el tablero, como solía sucederme. Hacía semanas que no llegaba a meterme en la cama, pues me enfrascaba tanto en la lectura y en los ejercicios de entreno, que el sueño me sorprendía en mi mesa de trabajo. Después amanecía dolorido y apesadumbrado, a veces con las marcas de las piezas grabadas en mi cara.

Pero una ducha fría y un buen café cargado me dejaban listo para volver al ataque.

Pasaba las mañanas estudiando y practicando con el computador en el nivel máximo. Comía mientras seguía jugando y después de comer me dedicaba a resolver problemas de ajedrez, uno tras otro, hasta las cuatro de la tarde, hora en que me iría al club a practicar contra mi nuevo y antipático oponente. Apenas le conocía, ya que hacía dos días que me había topado con él, ocupando la mesa que yo solía preferir. A pesar de su aspecto, que rezumaba un algo siniestro difícil de describir, le propuse jugar una partida.

Así fue como iniciamos nuestra particular contienda. No era usual que yo perdiera tan fácilmente con alguien, pues me consideraba un jugador bastante fuerte, con serias aspiraciones al título mundial. Por eso me quedé picado con el enigmático jugador que el día anterior me había ganado. Nunca lo vi antes en el club, ni en ninguna competición o revista de ajedrez, por lo que probablemente, para humillación mía, era casi seguro que fui derrotado por un simple aficionado. Y esto a falta de tres semanas para disputar el torneo más importante de mi vida, cuando más necesitaba sentirme seguro de mis posibilidades.

Como mi rival me había dicho, en efecto, en ajedrez me gustaban las aperturas abiertas y agresivas, porque permitían simplificar y resolver los problemas del inicio muy rápidamente. Quizá era porque en la vida real me pasaba lo contrario. Mi tendencia a dar vueltas y más vueltas a todo, me ralentizaba sobremanera, y tal vez por eso mismo trataba de compensar esa inclinación, actuando de modo contrario sobre el tablero.

A las cuatro y cuarto de la tarde ya estaba otra vez frente a mi enemigo. Nuevamente me ofreció jugar con blancas, como si tratara de darme otra oportunidad para poder resarcirme de mi mala actuación anterior.

Decidido a conseguir la revancha lancé mi primer movimiento: d4. Esta vez ensayaba una apertura cerrada, en general más conducente a estructuras complejas, donde la estrategia posicional se desarrolla más lenta e intrincadamente. Quería ser más cauto y prudente que el día anterior. Temí que mi adversario dijera alguna estupidez, pero por suerte se quedó callado. La partida fluyó lánguidamente, con una cerrada defensa India de Rey por parte de las negras. En la jugada nueve, recordé que la posición permitía hacer el movimiento que Kramnik recomendaba en los libros de teoría, así que, convencido, imité con mi movimiento al gran maestro. Era una línea de juego que le había valido el título mundial contra Kasparov, y por eso me inspiraba una gran confianza.

- ¿Siempre te basas en los grandes maestros para actuar? Esa es la diferencia entre los genios y los mediocres: los primeros innovan, los segundos copian. Lo que a Kramnik le servía puede no valer para ti. ¿No has pensado en eso?

Me sentí de nuevo humillado e indignado. ¿Pero qué se había creído este estúpido? Era la primera vez que jugaba contra alguien tan mal educado. Pero no sé por qué, no se me ocurría qué contestarle. Simplemente me quedaba callado y trataba de traducir mi rabia en jugadas, como si fueran golpes de boxeador enojado. Sin embargo, cuando la pasión nubla la cabeza, al menos en ajedrez, es derrota segura. Nuevamente mi impulsividad me condujo al desastre y en la jugada cuarenta y dos tuve que rendirme.

-Por lo menos me has durado más que ayer.

Esa frase me dolió todavía más que todas las anteriores. Gruñí de nuevo concretando la hora para el día siguiente y me fui a tomar mi cerveza helada.

-¿Qué tal…

No dejé a mi amigo camarero terminar la frase. Con un gesto de mi mano le indiqué que no quería ni hablar del tema. Apuré mi cerveza de un trago y le pedí otra.

-Vaya, parece que hoy no te sientes demasiado bien…

Asentí con la cabeza y mientras mi amigo hacía sus labores tras la barra, permanecí un buen rato en silencio, con la cabeza entre las manos y la mirada perdida, hasta que sentí fuerzas para irme a casa.

En la noche jugué diez partidas *on line* contra jugadores de más de dos mil ELO y les gané a todos sin piedad. Es curioso como un juego tan pacífico en apariencia, contiene tan grandes dosis de violencia. Sin embargo, aunque un poco de agresividad es necesario, si uno no la sabe encauzar, puede afectar a la concentración y conducir al desastre, como me pasó en la partida de la tarde. Era mi segunda derrota seguida, después de medio año de victorias. Tenía que prepararme mejor para el día siguiente. Analicé bien todos mis fallos, repasé partidas de los grandes maestros…ahí me acordé del aguijonazo que me endosó mi rival: "¿Siempre te basas en los grandes maestros para actuar?" Quizá tenía razón. Tal vez debiera dejar la teoría a un lado y lanzarme a la aventura.

Al día siguiente, a la hora acostumbrada, mi enemigo con su habitual prepotencia y sombrío semblante, me volvió a ofrecer blancas y yo acepté gustoso, pues ansiaba sorprenderle con mi nueva apertura. Moví "a3". Una jugada aparentemente ridícula, que no hacen ni los principiantes. Era como devolverle la fanfarronada. ¿Me dejas las blancas? Bien…pues yo te regalo la iniciativa. Empate psicológico.

-Mmm… una apertura del todo "psicológica". Pero no creas que me sorprende, de hecho lo esperaba. Eres tan previsible…

"¡Previsible!" El desgraciado ya se estaba excediendo con sus comentarios, aquello era demasiado. No hay peor ofensa en ajedrez que te llamen previsible. Es como que te digan que no tienes capacidad de crear nada nuevo. Que eres repetitivo, monótono, aburrido, sin brillo alguno. Sin embargo, nuevamente me quedé callado y procuré concentrarme y demostrarle mi superioridad jugando. Pero me quedé clavado y no moví pieza alguna, hasta que sin poder contenerme le dije:

-¿Y cómo pudiste estar tan seguro de que iba a optar por una apertura "psicológica"? En ajedrez hay veinte primeras jugadas posibles para las blancas. ¿Qué te hizo saber que elegiría una de las catalogadas como psicológicas? ¿Sabes qué creo? ¡Que te marcaste un farol!

-¿Y cómo tú estás tan seguro de que fue un farol? – dijo mientras respondía a mi primera jugada con un seguro y contundente "e4".

Ahí me dio nuevamente en el clavo. Estar o no seguro de algo. Ese había sido mi punto débil toda mi vida.

Mi mente voló hacia el pasado, cuando en la adolescencia pasaba horas divagando sobre la seguridad o no de la existencia de todo cuanto me rodeaba, incluido yo mismo. ¿Cómo podía estar seguro de si mi "yo" era real o una farsa? Tal vez creía estar viviendo aquella vida y de repente un día despertase en un frío hospital psiquiátrico, dándome así cuenta de que era una víctima más de una delirante esquizofrenia. O quizá era todo un sueño, fruto de alguna droga alucinógena de esas que alguna vez había probado. O a lo peor existía algún genio maligno de gran poder e inteligencia, que ponía todo su empeño en inducirme a error, como dijera Descartes, en su famoso Discurso del método. Y así pasaba horas, pensando posibles engaños y tratando de hallar algo que pudiera tranquilizar mi apetito insaciable de certezas que no pudieran cuestionarse.

La solución cartesiana pienso luego existo no me convencía demasiado, pues ¿por qué la conciencia de sí mismo debía tener superior estatuto ontológico que una simple piedra? ¿Acaso el pensamiento tenía una mayor consistencia que la materia? En realidad, en el universo, si es que aceptamos la veracidad de su existencia, hay mucha más materia inanimada que pensante, por lo que yo siempre había pensado que la vida, y más concretamente la vida consciente, era un fenómeno sobrevalorado.

Recordé cómo llegaba a exasperar a mi novia con estas consideraciones. Lo de dudar de mi existencia y por ende, también de la suya, lo sabía sobrellevar ella con bastante elegancia y buen humor:

-Puesto que es probable que yo no exista, quizá tú debieras pagar la cuenta…-Decía ella sonriente, mofándose de mis penas filosóficas, mientras almorzábamos en un bar.

Lo que no soportaba es que dudara de su amor. Ella no entendía el punto de mi desesperación. Yo sólo buscaba algo a lo que aferrarme, algo cierto y seguro, de lo que no pudiera dudarse. Pero lamentablemente, tampoco su amor pasaba la prueba, pues nada me aseguraba que éste fuera auténtico: ¿Y si ella fingía todo el tiempo? ¿Y si, aunque no fingiera, se auto engañara y hubiera otras razones, de tipo inconsciente, oscuras incluso para sí misma? ¿Y si mi entendimiento era de tal naturaleza que se equivocaba siempre que tratase de captar la verdad?

Y lo mismo me pasaba con el amor de otras personas en general ¿Cómo estar seguro? ¿Cómo saber si todo no era más que un teatro, o un engaño? ¿Qué prueba, qué demostración fiable e irrefutable podía hallar?

Y así deambulaba por la vida en aquellos tiempos, como un ánima en pena, dando vueltas y más vueltas a lo mismo, sin poder concluir nada que me dejara mínimamente convencido.

De repente me di cuenta de que había pasado media hora. ¡Maldición! De seguir a este ritmo perdería por tiempo. Pactamos la partida en dos horas y yo estaba empleando media para la primera jugada ¡No podía ser peor! Pero me resultaba ridículo abandonar así, de modo que decidí continuar.

A pesar de mi inicio calamitoso, conseguí jugar bastante dignamente y hacer mis siguientes quince movimientos en otra media hora. La partida estaba tensamente igualada. Cualquier ínfimo error podía echarlo todo a perder, así que había que obrar con extremada cautela.

-Se nota que la relación con tu padre no fue nada buena.- Dijo mi rival de repente, arruinando el hermoso silencio en el que se deleitaban con fruición mis oídos hasta ese fatídico momento.

-¿Qué? ¿De dónde sacas eso?- Exclamé muy exasperado. Aquel hombre me sacaba de mis casillas, nunca mejor dicho.

-Bueno, se nota un cierto temblor en tus dedos cuando mueves una pieza, y el modo de dejarla en el tablero es siempre suave y delicado, no vigoroso y varonil, como sería propio de un hombre. Todo ello me indica que no te identificaste mucho con la figura paterna. ¿O me equivoco?

-¿Sabes lo que te digo? ¡Vete a la mierda!- Y totalmente fuera de mí, arrasé todas las piezas de un manotazo, tirándolas al suelo junto con el tablero y salí del club dando un portazo y sin despedirme de mi amigo, y aún peor: sin tomar mi cerveza helada.

Una vez en casa hundí la cabeza en mis manos, y apretándome fuerte del pelo que abarrotaba mis sienes, lamenté mi habitual falta de manejo de la agresividad. Recordé lo que mi oponente me dijo en la primera partida: "Veo que eres agresivo". El maldito tenía razón. A pesar de mi apariencia tranquila y de mi habitual amabilidad y cortesía, por dentro albergaba una jauría de perros rabiosos que de vez en cuando escapaban de la jaula acorazada donde los tenía encerrados.

Y es que la represión de la agresividad, junto con otras muchas emociones, había sido una de las notas características de mi educación. En este aspecto, mi padre destacaba por lo estricto y escrupuloso; pues era un obseso de las buenas formas. Las manifestaciones de rabia eran para él pecado mortal y las reprendía y corregía, paradójicamente, a bofetadas. La pena era también censurada, por ser patrimonio exclusivo de las féminas, porque según él, "los hombres no debían llorar".

Su talante enfermizamente exigente lo hacía del todo insoportable, pues crecí con la sensación de que nunca ningún logro que yo realizara, por elevado que fuera, pudiera complacerle. Cuando gané el torneo de ajedrez de la escuela, con tan solo siete años, imponiéndome a chicos de hasta 14, sus únicas palabras fueron: "Debieras dedicarte a estudiar, en vez de perder el tiempo con esos juegos estúpidos. No quiero verte jugando más a esa tontera".

Supongo que por eso decidiría más adelante renunciar a estudiar una carrera para ser jugador profesional. Era una manera de afirmar mi yo frente a la dictadura paterna.

En efecto, como acertada y sorprendentemente dijo mi rival del club, no me identifiqué con mi padre, y supongo que por eso, sin ser homosexual, había desplegado capacidades que suelen encontrarse más desarrolladas en las mujeres que en los hombres. En mi caso poseía una extremada y finísima sensibilidad. El problema es que en vez de usarla para conectarme con las emociones de los demás y empatizar con ellos, me reconcentraba en mí mismo en una especie de egocentrismo enfermizo.

Estaba claro que el conjunto de mi personalidad era más bien desequilibrado. La ausencia de mi madre (que se fugó de casa cuando yo tenía tan solo tres años) había generado en mí el miedo a ser abandonado por los que me amaban. Quizá por eso me sentía tan inseguro de todo, especialmente en aquellas épocas de mi adolescencia, que antes les relataba, donde un problema en el fondo afectivo, tomaba forma de obsesivas consideraciones filosóficas que no tenían fin y que me sumían en un estado de perplejidad y de ansiedad recurrente.

El problema de la educación represora es que acaba generando el efecto contrario al pretendido. La censura de las emociones básicas produce un efecto similar al de tapar la boca de un volcán. La lava encuentra salida abriendo cráteres por donde no corresponde. Por eso en mi adolescencia tuve varios ataques en los que destrocé todo cuanto hallé a mi paso. Recuerdo aquel día en que, disputando una partida amistosa con un compañero, éste, para ponerme nervioso no cesaba de tamborilear con los dedos. Le pedí varias veces que parara, hasta que harto, le estampé el tablero en la cabeza. Tuvieron que ponerle seis puntos de sutura. Creo que fue el primer jugador que consiguió ganar puntos en una partida conmigo. Lo siento por el mal chiste, pero forma parte de mi terapia ver con sentido del humor mis errores y culpas pasadas.

La anécdota más sonada fue cuando hacía cuarto medio. En esa ocasión un profesor me insistió demasiado en que repitiera la lectura de un texto. Esa vez volaron pupitres y sillas y casi defenestro al tipo, si no llegan a impedirlo mis compañeros.

Es más sano integrar y encauzar que reprimir. Está más que claro. El psiquiatra que veo todas las semanas desde hace un año me ha ido ayudando a darme cuanta de todo esto y a poner palabra y raciocinio a muchos aspectos oscuros de mi psicología, que me habían amargado por años. Creía estar mejorando, pero el último suceso, con mi siniestro oponente, me estaba desmoralizando de nuevo.

Decidí jugar *on line* para relajarme. Como en otras ocasiones, el ajedrez me servía para limpiar mi mente. En éste encontraba un mundo tan ordenado y hermoso, tan matemático y perfecto, que solo mirando el tablero encontraba paz y descanso. Muchas veces, después de angustiarme por las noticias de asesinatos, violaciones, guerras y demás desastres que traía el diario de la mañana, necesitaba jugar una partida para recuperar el ánimo. En ajedrez todo era lógico y preciso, no había lugar para la irracionalidad y las bajas pasiones. La belleza tomaba forma de inspiradas y magistrales combinaciones, la verdad se imponía por sí misma en cada ventaja posicional o material conseguida y la bondad ligaba todas las piezas iluminando el alma, que traducía en jugadas sus más nobles aspiraciones. Era mi pequeño paraíso.

Me fascinaba que ni los computadores más potentes hubieran podido dejar establecidas y analizadas todas las partidas posibles. Según el matemático N. Petrovic, eran aproximadamente diez elevado a dieciocho mil novecientas.

Un número inimaginable. Toda la humanidad jugando partidas sin parar durante dos mil años, no alcanzarían a agotarlas todas. Sin embargo, me ponía un poco triste el hecho de que no fueran infinitas las posibilidades. Le quitaba algo de divinidad al asunto, y temía que fuera cuestión de tiempo que el ser humano, con el apoyo de sus cada vez más poderosas máquinas, llegara a realizar tal conquista. Aún así, ningún cerebro de homo sapiens podría jamás llegar a memorizarlas todas, con lo que siempre conservaría algo de encanto y de misterio.

Me preguntaba a veces, si nuestra vida y sus posibilidades serían también como una posible partida a elegir entre un conjunto también finito de opciones. Y tal vez alguna especie de Dios o Gran Computador contenía en su interior todas las posibles jugadas. Me divertía pensando la multitud de posibilidades. Me imaginaba que si en vez de pollo comía pavo, ya estaba viviendo una "partida" posible y distinta a la de haber comido pollo. Y pensaba en cosas así de pequeñas, y también en grandes opciones: Si hubiera estudiado Filosofía en vez de dedicarme al ajedrez, si mi novia no me hubiera dejado, etc. Y me inquietaba pensar el hecho de que tal vez todas esas partidas podrían estar realizadas y analizadas en alguna parte y ser reales y existentes como mi actual vida, al interior de esa mente o computadora divina. Entonces cuanto pudiera imaginar, tal vez podría estar existiendo o habría existido ya, o existiría. O quizá todo se desplegara a la vez en múltiples dimensiones...estas cavilaciones me ponían ansioso y podían absorberme durante horas.

Recuerdo que mi pasión por el ajedrez también me trajo problemas con mi novia. La pobre me tuvo demasiada paciencia. Tardó cinco largos años en dejarme, todo un récord, dado el poco caso que le hice. Y no es que no la quisiera o que no me afectara su dolor...el problema es que me abstraía tanto jugando, que llegaba siempre tarde a mis citas con ella. Porque mi concentración cuando juego es absoluta. Eso sí, necesito silencio. Si alguien hace algún ruido puedo perder la cabeza (o hacérsela perder al contrario, como me pasó en el Liceo).

Mi novia...qué buena chica era. Realmente linda. Siempre me arrepiento de no haberla sabido cuidar y querer como ella se merecía. Pero qué se le va a hacer. En ese tiempo estaba muy confundido, mucho más que ahora.

Mis dudas sobre todas las cosas eran tan corrosivas que la desesperaban. Recuerdo una vez en que me dio un bofetón para que saliera de mi obsesión sobre si existían realidades extramentales o no. Debo reconocer que fue una terapia efectiva. Realmente el dolor simplifica las cosas. Cuando te duele algo, poco te importa si estás soñando o si un marciano verde te ha hecho creer tal suceso, lo único que buscas es un remedio que apacigüe el sufrimiento. El malestar de un bofetón pasa pronto, pero tuve un dolor de muelas que me hizo sentir todo el peso de lo real, con toda su fuerza. Llegaba a chillar de desesperación, pero a la vez estaba contento, pues por fin había hallado una prueba de la autenticidad de mi existencia. No es que fueran unas razones demasiado elaboradas filosóficamente, pero me convencieron. El dolor era real. Me duele, luego existo, fue mi genial conclusión. Cuando se lo dije a mi novia me dijo que estaba loco y me dejó plantado (aunque no del todo, pues todavía tuvimos un año más de pololeo).

De hecho yo creo que fue al cortar nuestra relación, cuando descubrí de verdad, que el solipsismo cartesiano no tenía ningún sentido. El ser humano no es solo una sustancia pensante. Ni tampoco una sustancia solamente doliente (como sostenía mi particular y peregrina teoría sobre la condición humana). El ser humano es un ser relacional. Lo que nos da identidad son los otros. Me relaciono, luego existo. No puede haber "yo" sin un "tú", como reza el personalismo. Es una pena que lo descubriera ya tarde, cuando mi polola había roto ya conmigo, harta de mis rarezas y sobre todo, de mi falta de compromiso. Ahí me di cuenta de lo importante que era ella para mí, y nuevamente el dolor, me hizo pensar con más claridad sobre los fundamentos de mi existencia.

Mi novia era una mujer de fe. Cosa que yo, por supuesto, nunca entendí. Ella siempre me decía, que al final, todo eran opciones de fe. Que la fe era una dimensión esencial del ser humano. No se refería a la fe en Dios solamente, sino a la fe como algo necesario para nuestras vidas. Me ponía ejemplos muy claros: de cómo usamos la fe para cruzar cuando el semáforo está verde (confiamos y tenemos fe en que los autos van a respetar la señal). También decía que el amor que las personas nos tienen no puede probarse científicamente y que era una opción de fe creer o no en ese amor.

Y me hablaba mucho de cómo la fe en nosotros mismos es la que hace que perduremos en los objetivos que nos fijamos y así otros muchos casos que con brillante elocución me iba exponiendo, hasta que llegaba a la fe en que debía haber un Dios y que éste era bueno y nos amaba, a juzgar por las pruebas o revelaciones dejadas a lo largo de la historia (aunque tampoco podían ser evidencias exentas de ambigüedad, ni demostraciones que pasaran el rigor del método científico, pues era necesario hacer un acto de confianza, como en todas las relaciones de amor).

Pero esto de confiar y tenerle fe a las personas, y más si éstas eran divinas, era algo que costaba mucho a mi mentalidad insegura y obsesivamente reconcentrada en la búsqueda de evidencias claras y sin ninguna sombra de duda.

Además eso de la vida eterna, de la que ella tanto me hablaba, me ponía muy nervioso. Imaginarme en un mundo sin final me aterraba. ¿Y qué gracia tendría? Me sobrevenía una terrible angustia y temor al aburrimiento. Ahora uno tiene la motivación de realizar sus planes y objetivos más importantes antes de morirse, aprovechar la vida y disfrutar de lo que encontramos placentero mientras se pueda. Pero si no hay final ¿quién se esforzará para nada? ¿Qué sentido tendría luchar por algo? Para mi lógica personal todo tenía que tener un principio y un fin, sino resultaba absurdo, incluso molesto.

Como puede verse, la filosofía era otra de mis aficiones. O más que afición, un desesperado intento de hallar soluciones a mis angustiosos e inquietantes problemas metafísicos, afectivos y psicológicos. Era más bien una necesidad imperiosa, no tanto un pasatiempo. O tal vez debiera llamarla obsesión.

Lástima que en el Liceo estudiamos tan poquita filosofía…nos pasamos la mayor parte del tiempo analizando la Edad Antigua, sobre todo los presocráticos. Después, en un acelerón, vimos la edad Media y terminamos con Descartes, dejando de lado todos los pensadores posteriores. Vaya desastre. Tuve que ir leyendo por mi cuenta, y los libros en Temuco son tan caros y las bibliotecas públicas tan ramplonas, que mi formación al respecto sigue siendo muy desigual y fragmentada.

Recuerdo el alivio que experimenté cuando descubrí a Kant. Lo leí después de haber aprendido algo sobre el personalismo, aunque este autor era anterior a dicha corriente filosófica, pero ya dije que iba formándome al lote, según iba consiguiendo los libros en la Biblioteca de mi sector. Ojala hubiera tenido plata para comprar todo y ahorrarme tanto tiempo perdido en búsquedas, pero comprarse un libro en Chile es algo reservado a los ricos, por sus precios astronómicos.

Con Immanuel Kant me di cuenta que desde Tales de Mileto hasta él, todos los filósofos habían pecado de un ingenuo realismo. Se preocuparon de la realidad y de buscar su principio explicativo, pero ninguno se percató del papel de filtro que juega nuestra mente a la hora de percibir lo que nos rodea.

Esa es la genialidad del famoso filósofo alemán. Según él, lo que la realidad es en sí es misterio (noúmeno, usando sus palabras) y lo que de ésta percibe nuestra mente es el fenómeno o manifestación visible y perceptible del noúmeno. Lo encontré genial. Kant me ayudó a entender aún mejor a mi novia y sus argumentos. La fe seguía entonces un camino diferente al de la ciencia. La fe, la metafísica, se sitúan en el plano de los noúmenos, mientras que la ciencia se ocupa de los fenómenos.

Ese había sido mi problema de siempre, mezclar indebidamente ambos campos. Yo le pedía a la ciencia que me demostrase la veracidad de la fe, y eso era tan imposible como pedirle a la fe que explicara cómo funciona el mundo natural y sus leyes. La Ciencia debe ocuparse de aclarar cómo funciona el universo, la Fe dedicarse a explicar qué sentido tiene que haya un universo. Sobre los noúmenos solamente son posibles las creencias y las suposiciones, es decir, las personales opciones de fe. En cambio los fenómenos son observables, medibles, cuantificables y por lo tanto aprehensibles mediante el método científico.

La teoría Kantiana me servía también para mis problemas con el amor de las personas y su veracidad. Lo que una persona es, incluido el amor que tenga por mí (que es lo que más me había preocupado siempre) es un *noúmeno*. Las manifestaciones de ese amor en detalles, conversaciones, gestos y toda clase de expresiones o revelaciones, son *fenómenos*. A partir de los fenómenos puedo inferir algo de cómo debe ser el noúmeno que hay detrás, pero sigue siendo misterio, y solamente puedo creer o no en su existencia, pero nunca pretender demostraciones científicas del mismo, ya que no pertenece al campo de lo empírico.

Después de mis particulares estudios sobre Kant, lamenté nuevamente no haberlo leído antes de que mi novia me abandonara.

Aunque en el fondo, no creo que las cosas hubieran sido muy distintas en nuestra relación, por el hecho de haber conocido a Kant. Porque en efecto, de comprender que la fe es algo razonable, a vivirla con todo el corazón hay mucho trecho. Después de tanto tiempo, todavía sigo sin creer que haya un noúmeno divino creador de todas las cosas. Continúo dudando del amor de las personas y también de mí mismo y de mis posibilidades de alcanzar un mínimo grado de felicidad en la vida.

No sé para qué le pago tanto a mi psiquiatra. De momento sólo he conseguido poner palabras y comprender mejor todo cuanto he sido y vivido hasta ahora. Domino las causas de mis traumas y hasta podría escribir ensayos de psicología, pero hasta ahora, no encuentro que eso en sí mismo, me haga vivir mejor. Es como saber por qué te duele algo, pero no te dieran el remedio para sanarte. ¿Habría algo que pudiera aliviar los terribles dolores de mi alma?

De pronto, me di cuenta de la cadena de disquisiciones que mi oponente me había generado. ¿Quién era aquel enigmático y oscuro tipo? Parecía un personaje salido de una novela o película de terror. ¿Sería alguna especie de demonio encarnado? Tomé conciencia de que ni siquiera sabía su nombre. Decidí dejar de pensar en mi pasado y concentrarme de nuevo en la partida del día siguiente. De alguna manera, sabía que mi rival volvería. Tendría que disculparme por mi acción violenta y pedirle otra partida. Pero estaba dispuesto a tragarme mi orgullo con tal de volver a jugar con él.

Empecé a pensar en cómo enfocar la partida. Le di vueltas y más vueltas. No se me ocurría nada. Me fui a dormir, con una punzante sensación de fracaso. Saqué del armario una foto de mi antigua novia. No sabía por qué, aquella noche me apetecía quedarme dormido mirándola, como hacía cuando todavía éramos pareja.

Cuando desperté al día siguiente, supe claramente cómo obrar. Me di cuenta de que pensar en mi querida ex novia el día anterior, me había hecho comprender la esencia de todos mis errores con mi contrincante. Y decidí la apertura con la que salir.

A eso de las cuatro, volví al club, como hacía siempre. Mi oponente estaba esperándome en el sitio acostumbrado.

-Espero que hoy no juguemos al tablero volador.- Me dijo con una sonrisa sarcástica.

-No, no te preocupes. No volverá a pasar. – Con esto consideré que ya me valía de disculpa y él me ofreció las blancas, según su costumbre y como yo ya esperaba.

Entonces hice la jugada que debía hacer hecho siempre: "e4". Eso era. No amedrentarme ante él ni ante nadie, ser yo mismo y vencer la inseguridad teniéndome "fe" a mí mismo, tal y como me hubiera recomendado mi antigua novia.

Mi adversario se mostró sorprendido (lo noté en el modo de arquear sus cejas). No se esperaba que hiciera una jugada de las que él ya se había burlado y con la que anteriormente había sido yo derrotado. A medida que avanzaba el juego, su prepotencia parecía desbancada y hasta me pareció que le temblaban los dedos cuando depositaba la pieza en la casilla correspondiente. Finalmente se rindió, ante mi abrumadora ventaja. Fue una de las partidas más brillantes que he jugado jamás.

Mi rival se levantó sin decir palabra (él que era tan elocuente y mordaz), me dio la mano en señal de felicitación y se fue.

Fui a celebrar la victoria con mi amigo del bar.

-¡Una cerveza helada, cierto?- Me preguntó.

-¡Por supuesto!- Dije con alegría.

-Oh, veo que hoy estás de buen humor. Ayer en cambio te fuiste muy enojado... ¿Te pasó algo? Tuve que recoger todas las piezas y el tablero, que estaban tirados por el suelo...

-Ah... lo siento. Sí, verás, ese tipo, el que estaba conmigo en la mesa donde yo me siento siempre. Me puso muy nervioso.

-¿Tipo? ¿Qué tipo? Llevas varios días jugando tú solo... supongo que estudiando jugadas para tu próximo torneo... ¿Me estás bromeando con lo del tipo, cierto?

Su frase me cayó encima como un jarro de agua más fría que la cerveza. No, no era posible, otra vez no. Me despedí de él abruptamente y llamé al celular de mi psiquiatra. Me citó para el día siguiente.

Después de conversar con él, me quedé más tranquilo, si es que se puede llamar tranquilidad a esto. Al parecer, nuevamente había inventado un personaje. El jugador contra el que me había enfrentado en los últimos días era solo imaginario.

La enfermedad que padezco se llama esquizofrenia, y aunque mantengo una cierta normalidad, de vez en cuando tengo brotes en los que alucino y creo que existen personas que son solamente producto de mi imaginación. Según mi psiquiatra, esto me pasa cuando me desequilibro, y el personaje inventado tiene la función de que vuelva a recuperar la armonía perdida. Cuando todo está en orden, el personaje desaparece y vuelvo a reconquistar la noción correcta y objetiva de la realidad. En esta última ocasión, el personaje inventado me había servido para adquirir más seguridad ante el campeonato del mundo que estaba preparando. También era una consecuencia del estrés y del exceso de ansiedad que dicho torneo me producía.

El psiquiatra tiene comprobadas todas las personas que de verdad conozco. Cuando tengo sospechas sobre si una persona que yo creo real sea imaginaria, entonces dejo todo cuanto estoy haciendo y voy a la consulta. El doctor me dice si tiene documentada su existencia.

Nuevamente me ha recomendado más vida social y menos horas de ajedrez, para evitar que vuelvan más desequilibrios. Me dejó bastante pacificado saber que mi amigo del bar y mi antigua novia, sí eran reales.

En el fondo, aunque estaba algo decepcionado porque mi mente hubiera vuelto a las andadas (pese a la terapia y las medicinas tomadas), me alegré de que aquel cretino insoportable con el que había jugado últimamente, no existiera.

El método de cerciorar identidades con el psiquiatra era bueno y siempre tenía que hacerlo cuando conocía alguien nuevo. Él se preocupaba de investigar si era o no fruto de mi imaginación. Lo malo es que a veces, como en esta ocasión, tardaba en darme cuenta. El problema es que no tomo conciencia hasta que alguien me dice que una persona que yo digo conocer, no existe. Ese es el detonante que me permite comprender lo que en verdad está sucediendo.

La única falla de este sistema terapéutico, lo que a veces me recome e inquieta es ¿Quién puede asegurarme que mi psiquiatra sea real? ¿Con quién cerciorarme de esto, sin entrar en una cadena de dudas sin fin? Porque también la persona encontrada para certificar la veracidad de éste, podría ser falsa. Pero entonces recuerdo a mi ex novia y opto de nuevo por creer en la real existencia de mi médico.

Al final, no es posible otra cosa, más que optar por creer aquello que te produce mayor paz y bienestar en el corazón. Pues... ¿Qué gano con creer en cosas que me perturban y me dejan angustiado? Prefiero la cerveza helada de las convicciones de fe que me aconsejaba mi ex novia, al agua estancada de mis inseguridades y miedos inquietantes y paralizadores. Tengo fe, luego existo, sería mi nuevo paradigma. Al menos tengo fe en que mi psiquiatra existe, en mí mismo y en mis posibilidades de ganar el campeonato del mundo y en la existencia y la amistad de algunas personas (aunque pocas). Tal vez en un futuro, termine teniendo también fe en un Dios bondadoso, como le hubiera gustado a mi ex novia...

Por cierto, citar antes el rico y artístico fruto de la cebada, me recuerda que le debo una explicación a mi amigo del bar.

Qué bueno que existan él y su exquisita cerveza helada.

CRÓNICA DE UN CIBERNAUTA CON MÁS DE CINCO MIL AMIGOS

Jamás la tecnología de las comunicaciones estuvo tan perfeccionada; y sin embargo nuestro mundo se parece cada día más a un reino de mudos. Eduardo Galeano

Día 1 de enero de 2010

Empiezo este 2010 muy ilusionado: año nuevo, vida nueva. Esta tarde estoy dispuesto a salir de casa y tratar de conocer en persona a alguien. No importa el miedo, la angustia o el espanto que sienta, pienso hacerlo sí o sí. Esta vez es la ocasión definitiva. Está convenido el lugar y la hora y me hago una idea por la foto, de cómo será el tipo. De mis cinco mil dos amigos del *facebook*, será el primero que vea de manera no virtual. Me siento realmente emocionado y lleno de nervios. Tal vez incluso me afeite y me corte el pelo para salir. Creo que voy a conectarme y jugar al fútbol *on line*, hasta que se me haga la hora de acudir a mi cita. Pero antes, para celebrar la entrada del nuevo año, encargaré a domicilio una suculenta pizza y unas cervezas…

Día 2 de enero de 2010

Vaya si estuvieron emocionantes los partidos, gané cinco y perdí uno, pero yo creo que la derrota fue culpa de la cerveza. Lo mismo pasó con mi cita, al final me desperté de la siesta una hora más tarde de lo que quería y ya era tarde para conocer a mi amigo. Me disculparé enviándole un mensaje y listo. Otra vez será.

Día 15 de enero de 2010

Llevo bastante tiempo sin escribir. Es que he estado bastante bajoneado últimamente. El amigo al que no fui a ver se enojó conmigo y empezó a molestarme con mensajes bastante hirientes. Tuve que eliminarlo de mi red de contactos, y ahora estoy más tranquilo, pero siempre duele perder una amistad, aunque no nos hubiéramos visto nunca. Además mi número de amigos ahora marca cuatro mil novecientos noventa y ocho: ¡Y yo bajo ningún concepto quiero bajar de cinco mil! En total, he perdido cuatro, y conozco solamente las razones de un solo caso. ¿Por qué serán tan injustos conmigo? ¿Qué les hice yo para que me abandonaran así, sin motivo? Me enfurece que me dejen sin al menos, una explicación.

Día 18 de enero de 2010

Me impactó mucho la belleza de Enya, la vi en un video de *you tube* y quedé fascinado. No sé qué me gusta más, si su voz, tan sensual y envolvente, o sus hermosas facciones. Creo que es todo el conjunto. El caso es que me pasé el día viendo una y otra vez todos los videos que encontré donde salía. Me parece que me he enamorado. Tal vez, investigando en Internet podría encontrar la forma de chatear o contactarme de algún modo con ella. ¿Sería posible que una mujer tan linda y famosa me concediera semejante honor?

Juro que si me concede una cita o me responde un mail me afeito y me corto el pelo.

Una buena noticia: Vuelvo a tener más de cinco mil amigos.

Día 20 de enero de 2010

Pasé toda la mañana viendo partidos de la NBA por cable. Después me comí tres completos, un helado y una cerveza mientras jugaba a la *Play Station*. Me estoy poniendo como una vaca, pero ¿a quién le importa?

Hubo tiempos en que mi apariencia física me preocupaba, pero la verdad es que ahora me importa un rábano. Creo que llevo cinco años sin afeitarme ni cortarme el pelo. ¡Empiezo a parecerme a Chewaca!

En la tarde participé en un foro de *myspace*. Tenía ganas de llevarle la contra a alguien, así que saqué algún tema polémico, como que el Colo es una mierda de equipo, la Iglesia Católica está más corrupta que la mafia y cosas así. Ja, ja, como me divierte ver la basura de argumentaciones de la gente cuando les provoco. Más tarde voy a ver algo erótico por la Tele, pues ya hace tiempo que no me desfogo.

Día 21 de enero de 2010

Ubiqué la dirección de Enya, al parecer reside en el Castillo Manderley, de Killiney, por las afueras de Dublín. Vive sola...ya tenemos algo en común. ¿Tendré entonces alguna posibilidad con ella? Hoy mismo voy a enviarle una carta.

Día 22 de enero de 2010

Me da rabia este calor y el cielo azul y soleado. Desde mi ventana puedo observar como las gentes pasean, ríen, disfrutan de la vida y del buen tiempo, mientras yo me pudro en este departamento. Me siento como ese joven del famoso relato de Kafka, transformado en un horrible insecto al que nadie quería ver ni tratar. De hecho ni yo mismo deseo verme, por eso me deshice de todos los espejos. Aún así, veo mi reflejo en algunos ventanales y en la pantalla del *notebook*. Procuro no fijarme mucho en ese ser peludo que asoma inquietante, dándome unos sustos de muerte cada vez que me lo encuentro.

Si no fuera por mis amigos del *facebook* y de los foros y juegos on line en los que habitualmente participo, me habría suicidado ya. Vaya, me espanta un poco escribir estas cosas, pero a fin de cuentas: ¿Quién me va a retar por ello? ¿Acaso le importaría a alguien? Ni siquiera aparecería como baja en las listas de quienes me tienen como amigo; simplemente pensarían que estoy muy ocupado o ausente y que por eso no contesto a sus mensajes. Bueno, tal vez mañana esté de mejor humor. Leeré de nuevo "Norwergian Wood". Últimamente es lo único que me apetece leer. Sus personajes están tan vacíos y desorientados... me encantan. Ojala fueran reales y pudiera conversar con ellos. Creo que me llevaría bien con Naoko. La verdad es que le he tomado cariño... ¿Cómo puede tomársele cariño a alguien que no es real?

Día 23 de enero de 2010

Esta mañana le envié la carta a Enya. A veces me desespera la lentitud de tener que encargar todo por Internet. Conseguir que te traigan el sobre, el sello, un tipo para que recoja tu carta y la envíe a correos y después te dé el acuso de recibo...casi he estado a punto de hacer todo yo mismo saliendo a la calle, pero la repugnancia de siempre ha sido mucho más fuerte que mi prisa. Lo cierto es que si puedo, procuro no usar ni siquiera el teléfono, por no enfrentarme a la voz del otro lado del cable. La voz de un extraño, de un ser que puede no entenderme o molestarme con alguna estupidez. NO, mucho mejor Internet. ¿Qué haría yo sin poder conectarme?

Día 24 de enero de 2010

Hoy ha sido un día horrible. Mi reloj despertador, que me ha acompañado en estos últimos diez años, se ha estropeado y no tiene arreglo. Es un modelo antiguo y ya no se fabrican recambios, por lo que, después de una frenética pero infructuosa búsqueda de ayuda en Internet, lo doy por muerto. Una pena, una auténtica pena. De hecho estoy llorando mientras escribo. Es que me hacía tanta compañía ese TIC-TAC tan sonoro...

Día 25 de enero de 2010

Menos mal que tengo mi PC. Vivir sin mi despertador es duro, pero no quiero ni pensar en qué me sucedería si se estropeara mi *notebook*. Hace mucho que lo tengo y mi cariño por él es muy especial. Me encantan sobre todo sus diversas voces. La voz masculina, que me habla mientras juego al Ajedrez contra él, indicándome mis errores y aciertos. A veces me irrita, sobre todo cuando con tono burlesco dice: "Esa no es la jugada más inteligente, Emilio". Pero prefiero escuchar la voz de alguien, aunque sea para criticarme, que el cruel silencio.

Más me gusta la voz femenina, la que cada mañana, al conectar mi PC me dice: "La base de datos de su programa anti-virus, ha sido actualizada". Es como si me diera los buenos días. A veces apago y enciendo el computador varias veces, para volver a escuchar tan linda voz.

Día 27 de enero de 2010

Anoche tuve una pesadilla horrible. Soñé que del váter salían miríadas de ratas y se dispersaban por todo mi departamento, incluyendo las paredes y el techo. En pocos minutos todo quedó forrado por un espeluznante manto de roedores hambrientos que me miraban amenazadores. Por suerte, justo cuando iban a despedazarme, me desperté. Pero no se me ha terminado de ir el susto. De hecho, ahora, cuando tengo que sentarme en la taza para hacer mis necesidades, miro inquieto el desagüe cada dos por tres, temeroso de que salga alguna rata. Procuro tranquilizarme pensando que es muy difícil –yo diría que imposible- que eso suceda. Sin embargo me domina un miedo irracional, difícil de contener. ¿Y si fuera posible que las ratas pudieran trepar y subir buceando hasta salir por el desagüe de la taza? Nada me aseguraba del todo que esto no fuera factible. Es curioso, hasta hoy nunca había sentido fobia hacia las ratas. Comentaré el caso en algún foro de Internet, tal vez alguien pueda darme algún consejo o consolarme.

Día 1 de febrero de 2010

No he hallado ninguna respuesta que me deje tranquilo respecto al asunto de las ratas. La mayoría piensa que estoy un poco rayado y eso es todo.

Día 2 de febrero de 2010

La verdad es que no sé por qué escribo este maldito diario. Cuando lo releo me doy aún más asco del que ya me tengo. Pero desde que me recluí en este departamento, no puedo dejar de hacerlo. Ni yo mismo sé por qué. Quizá me pasa como a Murakami: soy de los tipos que no comprenden bien lo que les pasa hasta que lo escriben. Aunque yo todavía no entiendo mucho de mí mismo, ni de por qué hago muchas cosas de las que hago, a pesar de las cientos de páginas que llevo escritas. Como por ejemplo el motivo de estar voluntariamente metido en este vil encierro. A veces lo veo claro y pienso: Bueno, sí, en el fondo este modo de vida es como para decirle al mundo: no les necesito, puedo vivir solo, como Robinson Crusoe, pero en una isla virtual. Pero otras veces me veo como un perfecto idiota, totalmente infeliz y sin embargo, incapaz de hacer otra cosa.

¿Por qué Enya no me contesta? Yo creo que ya le habrá llegado mi carta. Me costó mucho redactarla, con mi inglés ramplón, tuve que repasarla mil veces para asegurarme de que no hubiera incorrecciones ortográficas ni gramaticales de ningún tipo. Me estoy poniendo impaciente.

Día 5 de febrero de 2010

Estaba muy deprimido cuando de repente la voz femenina de mi *notebook* sorprendentemente se salió del guión y aparte de notificarme la puesta a punto de mi base de datos anti-virus, me preguntó qué tal me encontraba hoy. Debe ser algún tipo de programa que aún no había descubierto. He estado inspeccionando el disco duro, pero no encuentro nada que me ofrezca una explicación a lo ocurrido. Aunque la voz, tan dulce y preocupada por mí, me consoló tanto, que no me importa mucho de dónde proceda. ¿Pero volverá a hablarme de nuevo alguna vez? Ojala que sí.

Día 6 de febrero de 2010

He borrado de mis amistades a Genaro. El desgraciado no paraba de agobiarme con reprimendas, porque no le felicité las navidades ni el año nuevo. El tipo estuvo esperando hasta hoy mi respuesta a su felicitación. Y por fin, ya harto, explotó y me empezó a enviar mensajes recriminatorios.

¿Cómo explicarle que para mí la navidad es un fastidio sin sentido? ¿Cómo iba yo a felicitar a alguien por algo que detesto? La voz femenina de mi PC me ha dicho que he hecho bien. Al principio me sobresalté, igual que me pasó ayer, pero ahora voy abriéndome a la idea de que esto de la inteligencia artificial es un hecho. Solo hay que pasar el tiempo adecuado con nuestros PCs y ellos empiezan a hablarnos.

Es una pena lo de Genaro, pues es con quien más chateaba hasta ahora. Pero para compensar esta lamentable pérdida, he conseguido que me acepten como amigo treinta personas más. Ya voy por 5500 amigos. Qué número tan redondo.

Día 8 de febrero de 2010

La navidad es la época del año más horrible para mí. También mi PC la detesta (de hecho estuvo dos horas explicándome sus motivos). Ahora que ha pasado un tiempito, me siento capaz de escribir sobre ello. Es como si todo el ambiente exterior invitara a la alegría y la felicidad, mientras a mí las penas me devoran y la tristeza me envuelve como la espesa nube de smog que a menudo impregna esta grandiosa ciudad.

Es un tiempo de mucha nostalgia: Todo mi pasado desfila ante mí y los recuerdos, como dagas hirientes, van haciendo sangrar mi corazón. Mi padre...mi madre...mis mejores momentos con mis amigos...la novia que tuve y se murió cuando apenas faltaban dos semanas para casarnos...Es un verdadero tormento.

Por suerte tenía bastante platita, gracias a la herencia que me dejaron mis padres al morir, por lo que pude comprarme este departamento y vivir cómodamente atrincherado en él. Al principio salía a la calle y trataba de relacionarme con gente, pero en seguida desistí, pues me resultaba muy difícil.

Siempre terminan hiriéndome y tuve que darle la razón a Sartre: "El infierno son los otros". Al final pensé: ¿Y para qué necesito de otros? Solo me traen dolores y sufrimientos. Así empecé a recluirme en esta mi pequeña y confortable "celda" en la que me encerré hace ya seis años.

La idea me vino de la película "Into de wild", que narra la vida de un joven autoexiliado a las grandes montañas y bosques de Alaska. Allá sobrevive cazando o recolectando los vegetales y frutos que la tierra le da, hasta que en el invierno, muere de hambre.

Como la aventura extrema nunca fue lo mío, decidí hacer lo mismo, pero cómodamente instalado en un departamento. En vez de cazar y hacer de agricultor a lo "Alexander Supertramp", la tarjeta de crédito y la conexión a Internet me bastaron para obtener todo lo que necesitaba:

Alimentación (pues yo no estaba dispuesto a morir de hambre bajo ningún concepto), ropa, libros... Con el tiempo vi que no me hacía falta salir a la calle. Mientras me quedara dinero, mi nuevo modo de vida funcionaría. Y tenía suficiente plata como para no tener que trabajar el resto de mi vida. Además, para los momentos bajos de soledad, contaba con el *facebook*, que me permitía tener cuantos amigos necesitara. Y siempre con el control en mi poder: Si me apetecía conectarme a ellos, lo hacía. Si alguno me molestaba, simplemente lo eliminaba de la lista y lo reemplazaba por otro más agradable. Si no quería contacto con nadie, me bastaba con desconectarme. Es un sistema ideal para mi modo de ser. Sin embargo, a veces noto que algo no anda bien, que este estilo de vida no es del todo satisfactorio. Sobre todo en navidades me entra como una especie de conciencia más aguda de indigencia y soledad.

Solo me gusta un día de la navidad: el de año nuevo. Es como si de repente algo dentro de mí quisiera resucitar, creer que es posible empezar otra vez, una nueva vida. El día 1 lo suelo pasar bien, pero después vuelve la melancolía y la bruma angustiosa de siempre. Y este año no fue la excepción. Más de lo mismo y cada vez peor. ¿Hasta cuándo?

Si al menos Enya me contestara...Bueno, al menos tengo la compañía de mi PC... ¿Qué haría yo sin él?

Día 12 de febrero de 2010

Hoy he empezado a depositar mis heces fecales en bolsas de basura y a orinar en el lavabo. Lo siento pero ya no me atrevo a abrir la tapa del váter. De hecho le he puesto mis libros más pesados encima, para que las ratas no puedan salir. Ojala sea suficiente peso. Creo que haré un pedido de cinta adhesiva para sellar bien todo y así quedarme por fin tranquilo. Mi PC quedará también más relajado, pues también él teme la posible invasión de esos malditos roedores.

Dia 13 de febrero de 2010

Hoy las voces me han alarmado mucho. Me dijeron que se sentían mal, que les quedaba poco tiempo, que teníamos que despedirnos pronto. Yo ya notaba mucha lentitud en el funcionamiento de mi PC, pero hasta ahora no le había dado importancia. Dios mío ¿Qué puedo hacer? He de actuar, moverme. No puedo quedar pasivo ante la desgracia, he de impedir que suceda.

Bueno, al menos pude sellar la taza del váter con cantidades industriales de cinta adhesiva. Eso y diez kilos de libros encima creo que serán suficiente (por fin me sirven de algo los conocimientos de la carrera que estudié).

Día 20 de febrero de 2010

Al fin pude reparar mi *notebook*. ¡Casi una semana sin poder conectarme con mis amigos del FACE y sin hablar con mi PC! Fue muy duro para mí. Además tuve que llamar por teléfono y tener una conversación no virtual con otra persona. Presentarme, explicar lo que sucedía, dejar que viniera a mi casa, abrirle la puerta, darle mi *notebook* (qué duro fue despedirme de él), pagarle cuando volvió con éste ya reparado. Todo fue repugnante y tremendamente agotador, a pesar de que procuré tener el contacto mínimo con el sujeto reparador. Para ello, como siempre, me calé el gorro de lana hasta las cejas, envolví mi barbudo rostro con una bufanda y me puse gafas de sol. El tipo me miraba extrañado, pues siendo verano no era una conducta muy habitual y menos dentro de una casa. Pero hace mucho que eludo mostrar mi cara. Las veces en que he tenido que salir al rellano de la escalera, para recoger algún pedido, lo hago siempre bien cubierto. No quiero que nadie me conozca, ni me vea. Así seguiré siempre estando seguro y tranquilo, sin ningún idiota que me moleste.

Lo que más me irritó fue lo que dijo el sujeto sobre mi PC: "Que no duraría mucho y que me saldría mejor comprarme otro, pues pronto dejaría de haber recambios para un modelo tan obsoleto". ¿Y qué sabría ese imbécil de lo importante que era el PC para mí? ¿Acaso pensaba que podría reemplazarlo por otro, así sin más, como quien cambia de calcetines? ¡Maldito estúpido! Lo despedí dándole los pesos que me pedía y sin mediar palabra, di un portazo. Mi computador era mi más cercano amigo, sus voces cada vez me decían más y más cosas, me entendían y me envolvían de dulzura y comprensión. Pero eso no podía saberlo el cretino que lo reparó. No podía haber ya un sustituto para una relación así. Si se estropeaba, un gran vacío quedaría en mi corazón, imposible de ser reemplazado. Ni siquiera los amigos del *face* podrían calmar tan grave pérdida, pues ellos eran buenos (excepto los que había ido eliminando, claro) y me ayudaban, pero no vivían conmigo como lo hacía mi máquina, mi querida, amorosa e inteligente máquina. ¡Y pensar que muchos creen que son solamente objetos!

Pero yo había descubierto la verdad. Ellos piensan y sienten como nosotros. Y mi computador es el ser más cariñoso que había conocido. El que más me había amado y jamás herido, mi más perfecta y bella amistad. Mientras escribo estas palabras en su corazón, acaricio con cuidado cada tecla, presionándolas con suavidad como a él le gusta. Y ya no me importa que Enya no me conteste.

Dia 21 de febrero de 2010

La voz femenina de mi *notebook* me ha pedido que no la dejara en todo el día, pues se sentía muy mal. Tengo que estar a su lado y cuidarla. La voz masculina ni se oye, pues su tono es cada vez más débil. Estoy muy preocupado.

Pero no todo es malo: Ninguna rata ha conseguido entrar a mi departamento.

Día 22 de febrero de 2010

La persona que tengo contratada para retirar las bolsas de basura del rellano de mi escalera, se ha quejado del mal olor.

-"¿Acaso a ti la basura te huele a rosas, *weón*?"- Le dije yo enfurecido por detrás de la puerta. Por suerte no me contestó y sumisamente hizo su trabajo. La verdad es que las bolsas debían estar hediondas, con mis heces acumuladas de una semana entera, pero hacer venir al tipo más seguido me supondría más plata, y no me gusta tener que pagar por esto. Es como dar dinero por cagar…así que con una vez a la semana es más que suficiente. Si no le gusta su pega, que busque otro empleo, el maldito.

Día 25 de febrero de 2010

Sabía yo que el cretino reparador no era de fiar. El computador está lento, muy lento y las voces se quejan agónicas. No sé hasta cuándo va a aguantar mi ci

* * *

Emilio se suicidó saltando por la ventana de un sexto piso. Como era oriundo de Punta Arenas, la policía no pudo contactarse con ningún familiar, pues al menos en Santiago de Chile, lugar del deceso, no tenía a nadie.

Tampoco pudieron localizar amigos, ni conocidos. Incluso sus vecinos tenían una idea muy vaga de quién era él. De hecho, la mayoría confesaba que no habían llegado nunca a verle, y quienes se toparon con él alguna vez, ni siquiera atinaban a reconocerle en fotografías, pues siempre andaba con el rostro cubierto por una gruesa bufanda, un gorro de lana calado hasta las cejas y unas gafas de sol.

No constaba que tuviera trabajo, ni actividad social alguna. A pesar de la notificación de carabineros, no acudió ningún pariente, por lo que tuvo que ser enterrado como al parecer, había vivido: en la más absoluta y fría soledad.

En su pieza no hallaron ninguna nota ni explicación, como suelen dejar algunos suicidas. Sin embargo encontraron un *notebook* estropeado y también descubrieron que tenía una cuenta corriente (donde aún le quedaban quinientos cincuenta millones de pesos), en la que había efectuado multitud de gastos, sobre todo en concepto de alimentación.

El policía encargado de investigar el caso, consiguió acceder a la información contenida en el *notebook*, y allí encontró un diario, al parecer escrito por el difunto, del que solo pudieron rescatarse los archivos correspondientes a enero y febrero del 2010.

UNAS PALABRAS A TIEMPO

El Padre Ramiro era un hombre muy estimado, pues siempre tenía una palabra discreta y oportuna; se mostraba amable, atento, servicial, abnegado, caritativo y eficaz para ayudar a quien lo necesitara. Disponible para todos a cualquier hora y sonriente ante cada tarea solicitada, despertaba simpatía allá por donde pasaba.

Se levantaba antes de que saliera el sol. La luz de la capilla encendida a las seis de la mañana, indicaba a los vecinos que el padrecito estaba haciendo sus oraciones. A las siete y media, celebraba la eucaristía para unas monjitas, que le tenían también en gran consideración. Después iba a un colegio, del que era capellán, a dar clases de religión, confesar y celebrar otra eucaristía. Los niños y jóvenes le tomaron mucho cariño, porque les escuchaba con mucha atención y les ayudaba en cuantos problemas tenían.

Al mediodía comía en la soledad de su casa parroquial, pero a veces dejaba de hacerlo, o pillaba un sándwich hecho a prisa y corriendo para almorzar por el camino, porque la secretaria le había dejado el recado de visitar algún enfermo con urgencia.

Las tardes se le llenaban de personas o familias con problemas, que le llamaban para pedirle consejo, confesarse o bendecir sus casas (casi siempre a causa de creencias sobre presencias malignas, o por desgracias que se habían sucedido una tras otra).

Hacia las ocho tenía misa en alguna comunidad eclesial de base y después reunión de consejo.

Aproximadamente a las once de la noche, llegaba a casa muerto de cansancio, tomaba un tecito con galletas, viendo tele, y después de cabecear un buen rato, terminaba acostándose. Sin embargo, más de una noche tenía que salir, sobresaltado, a dar alguna unción a moribundos que se debatían entre la vida y la muerte en el Hospital Regional.

Esta era su rutina diaria, con escasas variaciones, excepto el fin de semana, donde todo se tornaba aún más intenso. Tres misas en la ciudad, tres en el campo, reuniones con las áreas pastorales y otras actividades que iban surgiendo en el camino.

El Padre era un hombre recto e intachable. Impecable en su trabajo. Nunca mostró debilidad alguna, ni fisuras ante la gente. Todos lo tenían por santo, de probada vocación y excelente sacerdote.

A veces algunos lo veían caminar con mirada triste y paso cansino, como si sobre sus espaldas llevara una carga muy pesada. Pero en cuanto se cruzaba con quien le estaba viendo, si le era conocido, mostraba su mejor sonrisa y saludaba afectuosa y cordialmente, luciendo una jovialidad y desenfado encantadores.

Se cuenta que una vez, cuando iba a tomar un colectivo para ir al colegio, el conductor, movido por los prejuicios (fruto de los últimos escándalos sacerdotales publicados en los medios de comunicación), no le dejó subir espetándole que "no llevaba a pederastas". El Padre, con la dignidad y el aplomo que le caracterizaba, se encogió de hombros, sonrió y aceptó la negativa sin quejarse por nada. Y eso que le sobraban razones para enojarse ante la injusticia del insulto, pues siempre había sido un sacerdote fiel a su celibato, e incluso estuvo implicado en la denuncia de algunos abusos, cometidos por otro sacerdote que sí era corrupto.

El Padre soportaba con amable resignación a los que se mofaban del trabajo de los curas, que "hacían misa el domingo y el resto de semana a puro huevear". Ni siquiera se defendía, en honor a Jesús, que ante el Sanedrín, no abrió la boca.

También había un tipo que amenazó de muerte a Ramiro, un mal tratador de mujeres y niños, al que el Padre denunció a la justicia. Como venganza, el perturbado y violento sujeto, le tenía prometida una golpiza o algo peor (que nunca le concretó, por lo que la incertidumbre generada, era mayor). Pero el Padre nunca se quejaba. Parecía asumir todo como la cruz que le tocaba llevar, sin más. La imagen que daba era la de un roble ancho y bien plantado, de raíces profundísimas, al que ninguna ventolera podía quebrar, ni tan siquiera torcer. Por eso todos acudían a él para apoyarse, descansar a su sombra, talar algunas de sus ramas, cobijarse en su follaje, tomar sus frutos, escribir el propio nombre hiriendo su gruesa corteza.

La sorpresa fue máxima cuando el Padre Ramiro apareció ahorcado. Nadie se lo esperaba, ni había explicaciones que pudieran paliar la enorme angustia y tristeza de la feligresía. Un hombre tan casto, santo y puro, un siervo de Dios de categoría tan elevada… ¿Qué le habría pasado?

Las cavilaciones y teorías fueron muchas, que si trabajaba demasiado, que si en el fondo estaba muy solo, que si debiéramos habernos preocupado más de cómo estaba él, en vez de pedirle y exigirle tanto; que si la procesión va por dentro, aunque uno aparente estar bien…y muchas más palabras y palabras…pero ninguna de ellas podía ya devolverle la vida al Padre Ramiro. Hay palabras que deben pronunciarse a tiempo y cuando corresponde, sobre todo si son vitalmente necesarias. Ahora era mejor guardar silencio.

EL SUICIDIO DE DIOS

En efecto, para asombro de todos, así ha sucedido: Dios se ha suicidado.

Primero anunció su llegada y después, el día señalado, irrumpió en espectacular Teofanía, y bajando desde el cielo, rodeado de poder y de gloria, se dirigió a los medios de comunicación mundiales, explicó cuán harto estaba del egoísmo recalcitrante en que siempre hallaba sumido a gran parte del género humano y cómo de cansado le tenían los que en nombre de la Religión destruían a sus prójimos o convertían ésta en una competición por el poder, el prestigio o la fama. Y, desesperado, se suicidó allí mismo, delante de todos, desintegrándose y convirtiéndose en Nada.

La humanidad entera quedó desconcertada, especialmente las personas religiosas. Los ateos se alegraron: ¡Por fin Dios muerto, como siempre habían querido! A los agnósticos les dio mucha pena, pues ahora que tenían una prueba para creer, Dios estaba Fiambre y no podían contar con Él. Los creyentes evidentemente, también se sintieron dolidos. Tanto esperarlo todo de Él, tanta entrega y amor en su nombre y ahora va y se suicida: ¡Ya no podía uno fiarse ni de Dios! Pero sobre todo lloraron amargamente su pérdida, por el gran cariño que le tenían, y se resignaron a una vida absurda y sin sentido en su Ausencia.

Pero los fanáticos y los falsos pastores de las Religiones del mundo, decidieron reunirse para ver *cómo continuar de ahora en adelante sin Él*. Entonces celebraron un Gran Concilio Ecuménico para dilucidar los caminos a seguir.

Los hindúes expresaron que a ellos aún les quedaban multitud de dioses y no había que dramatizar tanto por una sola baja, así que siguieron fieles a sus creencias sin preocuparse demasiado.

Los budistas podían continuar confiando tranquila e indiferentemente en su nirvana, por lo que la ausencia de Dios tampoco era para tanto.

El drama principal lo vivieron los cristianos, judíos y musulmanes, pues ellos sí quedaban huerfanitos del todo.

Sin embargo, los judíos al final también le quitaron importancia al tema, ya que podían seguir con su Torá como si nada hubiera pasado, dado que bajo ningún concepto ni excepción debía cambiarse ni una letra de la Ley de Moisés. Al fin y al cabo, para cumplir con sus normas y preceptos, tampoco hacía falta que Dios siguiera vivo y total, la Pascua podía celebrarse igual, ya que a quien esperaban era al Mesías, el Enviado de Dios, y si bien Dios había muerto, su Enviado todavía podía estar vivito y coleando y llegar en cualquier momento para poner orden y hacer que Israel gobernara sobre todas las naciones, pues esto era lo que en realidad más anhelaban.

Los musulmanes quedaron un poco desconcertados al principio, pero también vieron que el Corán podía seguir respetándose, pues aunque Dios hubiera muerto, tenían que hacer lo que en este libro sagrado se recomendaba, ya que sin duda eso era lo que el difunto habría querido. Además tampoco concebían alejarse ni un ápice de las normas y preceptos en éste contenidos y no estaba en su mentalidad hacer excepciones. Después de todo, seguían teniendo a Alá en el Paraíso, o sea, que por lo menos contaban con alguien que les abriera la puerta. Y así fue como decidieron seguir adelante con su Religión, como siempre habían hecho.

Los cristianos tuvieron una mayor variedad y complejidad de reacciones. La parte evangélica goza de tantas ramificaciones y grupos que necesitaron miles de páginas para explicar cómo podían continuar sin Dios. Sin embargo había un punto en común: ahora se trataba de seguir ciegamente al Pastor, pues muerto Dios, éste era el único líder fiable.

Los ortodoxos decidieron lo mismo respecto a sus Patriarcas y no se hicieron mayor drama, a fin de cuentas, sus ceremoniales podían seguir siendo igual de majestuosos y místicos, simplemente se trataba de ofrecérselos a un Dios difunto. Era solamente añadir una palabrita de nada en los rituales, así que también pudieron seguir con sus costumbres inalterablemente y la muerte de Dios no les supuso mayores problemas.

Los católicos a nivel litúrgico procedieron de idéntica forma y siguieron como si nada. Muerto Dios, algunos jerarcas ávidos de poder, no solamente no se aproblemaron, sino que se sintieron más a sus anchas, sin competencia alguna que pudiera hacerles sombra. Y muchas ovejas, acostumbradas a identificar por completo a Dios con sus Pastores, no notaron absolutamente nada y siguieron obedeciéndoles, sin inmutarse lo más mínimo.

El revuelo mayor y las peores discusiones entre las Religiones, lo causó el tema de las exequias de Dios. ¿Era conveniente celebrarlas, siendo el difunto un suicida? (y más teniendo en consideración que al tomar la decisión de poner fin a su vida, no cabía duda de su total libertad y responsabilidad en el asunto, pues no podía haber nadie más libre y responsable que Dios). En caso afirmativo, se debía esclarecer quién iba a presidirlas, bajo qué rito o tradición correspondía hacerlo, dónde celebrar el funeral, qué tipo de féretro usar y qué colocar dentro (puesto que no se contaba con el cadáver, el tema se complicaba: ¿qué poner al interior del cajón? Si Dios se había convertido en nada ¿cómo podría recogerse esa nada y depositarla en el ataúd? Era realmente difícil conseguir una nada perfecta, ya que siempre se topaba uno con algún algo imposible de erradicar, ya fuera aire, partículas subatómicas u otros obstáculos insalvables, al menos para la ciencia actual). Y no menos problemático fue dirimir en qué lugar realizar el entierro, pues todos reivindicaban como más idóneos sus propios territorios sagrados.

El principal problema de todo este intrincado galimatías era no poder contar con una tradición al respecto, cosa que hubiera aliviado bastante, pues habría bastado el cómodo y sempiterno principio de hacer lo que siempre se ha hecho.

Al final, para impedir discusiones interminables y no acabar resolviendo las diferencias con alguna guerra "santa", se decidió que cada cual celebrara el asunto a su manera y así evitar problemas.

Y Dios, el verdadero Dios, (y no el farsante diablillo, que gastando una broma macabra, había usurpado su puesto ante los medios, haciendo creer a la gente su suicidio), se sintió nuevamente triste, al comprobar una vez más, cómo algunos de sus supuestos representantes podían prescindir tan fácilmente de Él y tratarlo con tanta indolencia, escasa comprensión y poca misericordia.

Solamente le consolaron los creyentes y personas de buena voluntad de tantas partes del mundo, que en silencioso anonimato lloraban su pérdida, desconcertadas. Es por eso que decidió manifestarles más intensamente su Presencia y así evidenciarles que continuaba Vivo en sus corazones, donde siempre había estado.

LA MUSA ESCONDIDA

La vida es lo que te pasa mientras tú estás ocupado en otras cosas

John Lennon

Hace ya bastantes años, mi amigo Andrés me escribió desde La Serena (Chile). Con una letra elegante, de pulso firme, me contaba lo que sigue:

"Querido amigo Mario, creo que estoy cerca de terminar esta búsqueda compulsiva y febril que desde hace años mantiene mi alma en vilo, casi al borde del abismo y la desesperación. Como sabes, he visitado ya muchos países, deambulando de un lugar a otro, tomando notas y documentándome sin cesar, concienzuda y obsesivamente. Pero intuyo que Chile es el final del trayecto, la tierra idónea.

Estoy sentado en una de las muchas plazas que salpican de belleza y quietud la hermosa ciudad de La Serena. Frente a mí se yergue la iglesia de san Francisco. No sé si será por su roca caliza bañada por el crepúsculo estival. O tal vez son los arcos ojivales en torno a la fuente, con sus mosaicos iridiscentes. Quizá sea por la preciosa joven esculpida en negro azabache que escupe agua con aire indiferente; pero me envuelve una atmósfera entre mágica y mística, me rodean por fin las musas que tanto he buscado y deseo vivamente abandonarme en sus brazos, perderme en océanos de palabras hasta engendrar la gran obra que siempre he soñado escribir.

Te mantendré al corriente de mis progresos. Un abrazo de tu amigo:

Andrés."

Esta era la carta número treinta y dos. Una vez más Andrés creía estar a punto de escribir la gran obra de su vida. Pero a esas alturas, yo había dejado de creer en que alguna vez consiguiera su propósito.

Desde niño Andrés solo tuvo una pasión: ser escritor. Y lo cierto es que tenía cualidades para ello. Era muy hábil para la expresión escrita y mientras los demás jugábamos al fútbol y perseguíamos a las chicas, él, con doce añitos, ya había devorado todos los grandes éxitos de la literatura universal, "para ver si se le pegaba algo", como solía decirme.

Siempre me llamó la atención su capacidad de sobrecogimiento y asombro ante lo cotidiano y rutinario. Poseía, sin duda, eso que algunos convienen en definir como "mirada de autor". Podía pasar horas fascinado con la luna, como si la hubiera visto por primera vez y después escribir docenas de páginas describiendo sus maravillas. Era una aventura ir a alguna parte con él, pues si algo captaba su interés estético, lo postergaba todo y se paraba a contemplarlo, sin importarle el tiempo ni los compromisos adquiridos.

Recuerdo una ocasión en la que debíamos embarcar rumbo a Barcelona, nuestra tierra natal, después de un divertido viaje de final de curso a Ibiza, con nuestros compañeros de la Educación Básica. Faltaba solo una hora para acudir al barco y él quedó extasiado por la puesta de sol que se dibujaba en el horizonte. Me resultó imposible convencerlo de que dejara su inspiración para otro momento y llegamos tarde. Todo el curso, profesores incluidos, nos odiaron por eso. La vuelta a casa tuvo que aplazarse un día por nuestra culpa y fuimos severamente castigados.

Ahora bien, peor aún fue la vez en que se apeó del tren a mitad de trayecto, porque le encantó el paisaje. No hubiera sido para tanto, si no fuera porque no llegó a tiempo al cuartel donde debía comenzar el servicio militar. Aquello le costó varios días de calabozo, aparte de la inquietud y molestia generada en familiares y amigos, al ver que no había llegado a su destino.

Al igual que se dijera de Kierkegaard, el fin de su vida era vivir poéticamente y en la vida había sabido encontrar, con un sentido muy agudo, lo que hay de interesante y describir sus sensaciones lo mismo que si se tratara de una obra de imaginación poética.

Desde los nueve años ejerció su innata vocación de escritor (todavía conservo muchas de aquellas narraciones) hasta que, con dieciocho, se dio cuenta de que sus relatos estaban vacíos...eran formal y estéticamente muy correctos, pero les faltaba contenido. De repente, sintió como si se hubiera secado el manantial del que brotaban sus ideas. Por eso decidió esperar y acumular experiencias y datos, hasta que surgiera la chispa de la inspiración y pudiera ponerse a producir auténticas obras maestras.

Un repentino golpe de suerte favoreció sus planes: un tío suyo, le dejó al morir una enorme fortuna, cosa que él leyó como designio divino, para que abandonara toda dedicación mundana y se consagrara al arte para el que creía haber nacido. Fue entonces cuando decidió viajar por todo el mundo, buscando sitios que le cautivaran, enclaves geográficos paradisíacos o grotescos, personas connotadas o muy vulgares, lo que fuera, siempre y cuando provocara estimulación a sus trajines literarios.

Recolectaba vivencias y tomaba notas de los lugares que le inspiraban e inventaba personajes, elaborando sus características físicas y psicológicas, definiendo hasta los últimos y más ínfimos detalles de los mismos. Según él, antes de elaborar un relato, había que saber hasta la marca del pantalón de cada personaje y la geografía e historia de cada lugar donde transcurriera la acción. Era como si quisiera juntar los perfectos ingredientes, antes de hacer el guiso perfecto. Pero el guiso en cuestión y su genial receta nunca eran encontrados. Siempre escribía y escribía aguardando una musa escondida que jamás aparecía.

Un par de meses más tarde volvió a escribirme, esta vez desde Temuco:

"Querido Mario:

Escribí algo más de doscientas páginas en La Serena, pero al final, no hallé la historia que buscaba. Como siempre, guardé todas mis notas, por si alguna vez me sirven, cuando las musas se apiaden de este pobre adicto a la escritura. Creí estar a punto de conseguirlo, sobre todo en el valle de Elki. Es un lugar fantástico, preñado de leyendas y mitos increíbles. Iba en un tour guiado, pero en seguida abandoné la expedición y me aventuré en solitario a pasar una noche al raso, en pleno valle. Dicen que allá está el centro de energía del mundo, por eso –pensé- de haber algún lugar en la Tierra cargado de inspiración, debe ser éste. Como por allí nunca hay nubes, las estrellas ardían en el firmamento con una bravura y virulencia que jamás antes había visto. Sentí el magnetismo circundante como avispas volando por mis venas; todo parecía hablarme, susurrarme al oído, contarme historias misteriosas, secretos que no debían ser revelados al hombre.

Pasé la noche escribiendo, pero al final, no concluí nada. Ningún argumento sólido, ninguna idea deslumbrante. Solo descripciones de paisajes y nuevos personajes. Mi frustración fue tan grande, que decidí ahogar las penas fumando y tomando whisky. Pasé el día siguiente de bar en bar, hasta quedar por los suelos en una plaza. Harto de mi fracaso, otra vez más decidí cambiar de aires…

Y ahora estoy en Temuco. Me he reformado un poco: he dejado el alcohol y los cigarros y cada mañana salgo a correr muy temprano. Quizá me ha influenciado el gran escritor Murakami, aficionado a participar en maratones. "Tal vez eso de hacer deporte sea lo que desate su inspiración"- pensé alentado- "¿Por qué no probarlo?".

Me alojo en un hotel, cerca del cerro Ñielol y desde allí realizo mis recorridos, parte por la montaña, parte en la ciudad.

Hace un par de semanas, corriendo por la calle Caupolicán, me captó la atención la hilera de farolas que flanquean la ciclo- vía que va de Temuco a Labranza. Era aún de noche y la luz que emitían, envueltas por un grueso manto de niebla matutina, las hacía asemejarse a un desfile de espectros que se perdía en el horizonte, en siniestra danza. Como imaginarás, dejé mi carrera, y a pesar del frío y la humedad, tomé el bloc de notas que siempre llevo conmigo y empecé a escribir.

Pillé un catarro monumental. Aparte de eso, cuarenta y dos páginas describiendo farolas y cincuenta inventando personajes temuquenses. Ninguna historia. Sin embargo, sé que mañana volveré allí y continuaré escribiendo compulsivamente, pues siento que aún no he agotado las posibilidades que ese rincón de la ciudad me ofrece. Ya te contaré si encuentro por fin el filón que ando buscando. Tu cada vez más desesperado amigo:

Andrés."

Cuando los padres de Andrés murieron, como no tenía hermanos, yo pasé a ser su único afecto estable en este mundo. No es que él fuera un tipo antipático, o que careciera de habilidades sociales, tampoco es que no le gustaran las chicas. Lo que sucedía es que su pasión por la literatura le absorbía por completo. No quería tener tiempo ni energías para otra cosa que no fuera leer y escribir. Yo era algo así como una especie de excepción a su regla. Un elegido con el privilegio de poder acceder a su obra. Su único testigo y consejero. ¿Por qué yo? Es algo que me he preguntado muchas veces. Él estaba convencido de que solamente yo le comprendía de verdad y le reconocía en su genialidad. Y en efecto así fue hasta el día de su muerte.

Todavía conservo su última carta, enviada desde Coñaripe.

"Querido Mario, ya dejé Temuco y mis estériles descripciones de farolas y personajes. El caso es que en uno de los cafés que frecuento, conocí un vasco, profesor de Teología en la universidad católica. Resultó ser un experto conocedor de los rincones más hermosos de la Cordillera y se mostró propicio a mostrármelos. Compré un equipo de montaña, asesorado por él y partimos dispuestos a coronar la cima del volcán Lonquimai. La subida es dura, sobre todo el tramo final, con la grava resbaladiza. Uno avanza un metro y retrocede dos, pero al final, a base de coraje se consigue llegar. La vista desde arriba es espectacular. Pareciera que se está en otro planeta, o en la era jurásica. Te rodean volcanes, lagos y glaciares, no se ven signos de civilización por ninguna parte y uno tiene la sensación de que en cualquier momento un gran saurio puede emerger entre las araucarias. La luz del sol parece más pura y dañina que en ningún otro sitio de los que he visitado. Los colores de la naturaleza aquí son tan vivos que llegan a herir la vista.

Después de esa expedición, al día siguiente viajamos a Coñaripe, desde donde te escribo ahora. Mi nuevo amigo quiere llevarme a la laguna azul, un bello y poco transitado paraje al que se accede después de diecisiete kilómetros de camino de montaña. Habrá que orientarse por un laberinto de senderos en medio de la espesura de un selvático bosque, cruzar un río a nado y después subir varios glaciares hasta llegar a la cima desde la que puede contemplarse la laguna.

Cuando vuelva de ese viaje me pondré, como siempre, a escribir. Y creo que estoy ya muy cerca de conseguir mi objetivo. Intuyo que mi viaje llega su término y que, por fin, voy a dar a luz una gran obra, una obra maestra que conmoverá al mundo y será contada entre los grandes clásicos de la literatura universal".

Esto fue lo último que Andrés, premonitoriamente, escribió. Su viaje a la laguna azul sería también el último de su vida. Un resbalón fatal le hizo despeñarse por un precipicio. Su cadáver nunca pudo ser rescatado. Quizá el destino quiso que descansara para siempre en aquella tierra que tanto le había fascinado. Su compañero, el vasco, se puso en contacto conmigo y me envió todas las pertenencias y enseres de Andrés. No hallé casi nada de valor. Nada, excepto sus escritos. Más de cinco mil páginas manuscritas, sobre lugares del mundo y personajes ficticios. Su trabajo de los últimos años.

Tardé un mes en leerlo todo. Quedé como hechizado por la belleza de las descripciones y la genial caracterización de cada personaje inventado. Reflejaban muy bien, con agudo y elevado talento literario, originalidad e ingenio, la idiosincrasia y la cultura de cada país en que mi amigo había estado. En seguida comprendí que todo aquello debía publicarse.

Hoy, diez años más tarde, después del clamoroso éxito de sus escritos, mi amigo Andrés, póstumamente, ha recibido el premio Nobel de literatura. Es considerado el escritor más importante de la era posmoderna, un icono del arte vanguardista. Su vida me recuerda la de Moisés. Siempre en busca de la Tierra Prometida. Y al final muere sin poder pisar en ella.

Mi buen y desafortunado amigo Andrés, toda su vida en busca de inspiración, de la musa que le iluminara para escribir su gran obra. Sin embargo, la musa que tanto buscó, la que desvelaba sus sueños, estuvo siempre ahí, a su lado. Pero él no supo reconocerla.

LA ESTRELLA DEL ADIÓS

Las penas de mi sufrimiento son los dolores del nacimiento de Dios en el fondo de mi alma. Anselm Grün

El primer día de vacaciones, angustiado por mi típica sensación de vacío, salí a correr por la playa antes del amanecer, para relajarme y tratar de sacudirme de encima la viscosa telaraña de mis venenosos sentimientos.

Mi esposa y yo habíamos decidido ir con nuestros hijos a Segur de Calafell, por ser un lugar tranquilo y de calas muy anchas, donde nuestros niños, aún muy pequeños, podían jugar a su aire. Además el mar tardaba en cubrir, por lo que también les era posible entretenerse con las olas sin correr ningún peligro. Era el sitio perfecto para un descanso perfecto de una familia perfecta. Y sin embargo, yo me sentía insatisfecho y desazonado.

Después de recorrer unos cinco kilómetros, llegué a una cala en la que estaba prohibido bañarse por el peligro de fuertes corrientes marinas. Allí me llamó la atención un viejito que contemplaba el horizonte, sentado sobre sus piernas cruzadas, a la orilla del mar. Parecía estar reconcentrado en una profunda meditación. No quise perturbarlo, así que hice mis ejercicios de elongación bien apartado de él, para no molestarlo. El viejito ni se inmutó mientras yo estiraba. Parecía uno de esos yoghis capaces de permanecer inalterables en cualquier situación. Me imaginé al anciano ahí clavado, impertérrito ante un tsunami que se abalanzaba implacable ante él. No sé por qué, algo en su persona me cautivó. Sentí deseos de hablarle, preguntarle en qué estaba pensando tan ensimismado, qué era lo que hacía allí. Pero no lo hice. Después de quince minutos, finalizados mis estiramientos, decidí volver a casa y completar así mis diez kilómetros diarios.

Al día siguiente, al poco de salir de casa para mi carrera diaria, me sorprendió una tormenta veraniega. A pesar de la lluvia, continué con mi recorrido habitual. Al llegar a la cala, el viejo estaba allí. La lluvia era intensa y hacía frío, pero él no se movía, aunque vestía tan solo con una camiseta y un pantalón corto. Parecía una estatua. Hice mis estiramientos, omitiendo los ejercicios de suelo, para no quedar embarrado. El anciano permanecía hierático, ajeno a las inclemencias del tiempo. Estuve a punto de acercarme y hablarle, pero de nuevo la timidez me lo impidió. Regresé a casa, intrigado por semejante personaje.

En el desayuno conversé del tema con mi esposa.

- "Será algún mendigo perturbado" – Me dijo ella, quitándole todo misterio al asunto.

En la tarde salí a pasear con los niños. Intencionadamente les llevé a la playa donde me había encontrado con el viejo misterioso. Quería saber si también se hallaría allí por el día. Pero no estaba. Invité a los chicos a tomar un helado, después jugamos un rato a la pelota. Se hizo de noche, y cuando me disponía a volver para casa, el viejo apareció y se ubicó en su lugar acostumbrado, en la orilla del mar. De aquel encuentro deduje que probablemente debía pasar toda la noche meditando.

Al llegar a mi apartamento, después de cenar y ver un rato de televisión, todos nos retiramos a dormir. Pero yo me desvelé, pensando en el viejo. Me sentía invadido por un ansia inexplicable de conversar con él, poderlo conocer.

Al día siguiente, no oí la alarma del reloj y cuando desperté, ya había amanecido. Era demasiado tarde. Sin embargo, decidí salir a correr, a pesar de todo. A fin de cuentas estaba de vacaciones y podía alterar mis costumbres, pues no tenía que ir a trabajar después de entrenar, como me pasaba habitualmente en tiempo laborable. Llegué a la cala de siempre, pero como imaginé, el viejo ya no estaba allí. Probablemente él iniciaba su contemplación al caer la noche y la dejaba al despuntar el día.

A la vuelta, en vez de correr me apeteció pasear y aproveché para comprar el periódico en un kiosco próximo a la playa donde el viejo meditaba. Se me ocurrió preguntar al tipo que despachaba, si sabía algo sobre quién era el curioso personaje que pasaba la noche en vela, a la orilla del mar.

- ¿El viejo? Es un mendigo. Hace años que sigue la misma rutina. Por la mañana duerme en la plaza y por las tardes recoge basura. Todas las noches las pasa ahí sentado, mirando el horizonte. Pero no sé mucho sobre él, nunca hemos hablado. Ni siquiera sé su nombre. Eso sí, problemas no me ha dado ninguno. No es borracho ni violento, al menos que yo haya visto.

Me sorprendió que trabajando en aquel kiosco, tan cerca de donde el viejo meditaba, jamás hubieran conversado. Pero después pensé que era normal. A fin de cuentas ¿Con cuántos mendigos se me había ocurrido a mí hablar? Ellos estaban simplemente ahí, como un elemento más de un paisaje urbano que a base de repetición uno se acostumbra a mirar con indiferencia.

Parecía que mi esposa acertaba, al menos en la primera parte de su frase: era un mendigo. ¿Pero sería un perturbado? Dicen que la mayoría lo son, o bien porque fue su demencia la que les condujo a la calle o bien porque, una vez abandonados en ella, enloquecieron. Lo mejor sería salir de dudas atreviéndome a conversar con el anciano.

* * *

- ¿A dónde vas a estas horas?- Me dijo mi esposa entre bostezos.

- Mmm voy a correr.

- ¿A las cinco de la mañana?

- Sí, bueno, hoy quiero correr más kilómetros y estar listo para la hora del desayuno, con los chicos.

- Mmm ah, estás loco...- y siguió durmiendo plácidamente. Ella no podía entender cómo alguien en su sano juicio podía madrugar en vacaciones y además para correr, algo que en su mentalidad, era una especie de tortura insufrible.

En realidad no le dije toda la verdad. Mi intención era llegar a la cala antes que el anciano se fuera. Y así lo hice. A las cinco y media ya estaba junto a él, estirando. Armándome de valor, me atreví a iniciar la conversación.

- Bonita noche, ¿eh?

El viejo no se inmutó. Alcé un poco más la voz:

- Está precioso el cielo, ¿no le parece?

El viejo puso su dedo índice entre los labios, mandándome callar. Pero fue una orden suave, dulcificada por una agradable sonrisa que parecía querer decir: "ahora no puedo atenderte, pero después podemos conversar todo lo que quieras". Con una de sus manos me indicó que permaneciera yo también junto a él, contemplando aquella preciosa noche estrellada. Así lo hice, hasta que despuntó el día y desaparecieron las estrellas. Entonces el anciano habló, mirando todavía al horizonte:

- Soy pobre. Tú eres mi riqueza en la oscuridad del mundo...tú eres mi luz. Yo nada poseo y nada necesito. ¿Y cómo podría poseerlo? Iba a ser una contradicción que yo poseyera algo, cuando ni a mí mismo me poseo. Ahora soy feliz como un niño que nada sabe y que nada posee...yo no poseo sino que soy de otros; y soy tuyo y dejé de ser, para ser tuyo.

Quise responder algo, pero ante una frase de ese calado, no supe qué decir. Y el mendigo, sin decir más, se levantó y se fue. Yo quedé un rato como atontado, mirando la salida del sol, extasiado por su belleza. Las palabras del abuelo flotaban en mi mente, como los restos de un naufragio. Me preguntaba si sería Dios el interlocutor al que parecía dirigirse el anciano. Mi esposa y yo éramos agnósticos, pues ella desde las Letras y yo desde las Ciencias, habíamos concluido que esa era la única opción razonable. De hecho nos extrañaba mucho la experiencia religiosa de otras personas, pues nosotros nunca sentimos nada parecido y nos sonaba todo más a supersticiones y autoengaños, que a algo confiable y verdadero. Sin embargo no estábamos cerrados a que pudiera existir Dios u otras dimensiones metafísicas, solo que como no podíamos comprobarlo, ni afectaba en nada a nuestras vidas, considerábamos irrelevante el tema.

Decidí volver caminando a casa, para estar más rato a solas y seguir pensando. Mi vida era muy agraciada. Trabajaba como matemático para una poderosa empresa informática, estaba casado con una bella profesora de Filosofía de la universidad de Barcelona y tenía dos preciosos hijos, de seis y cuatro años respectivamente. Disfrutábamos de un nivel económico elevado y vivíamos en una magnífica y lujosa casa en Pedralves. Gozábamos todos de buena salud, la vida nos sonreía, como lo había hecho siempre. Sin embargo, a pesar de que todo iba tan bien, yo sentía a veces una extraña desazón interior, algo así como un vacío, una sensación de angustia que me invadía en intermitentes oleadas. Tenía todo lo que la mayoría de seres humanos desean tener, pero no quedaba satisfecho. Me faltaba algo. No terminaba de experimentar la felicidad, la plenitud que me gustaría alcanzar. Pero no hallaba la causa de mi zozobra. En cambio, aquel viejo indigente, lucía una mirada y una sonrisa que irradiaba felicidad. ¿Cómo era posible?

* * *

La noche estaba diluyéndose, invadida por los primeros rayos de sol. Le pregunté al anciano si no le era trabajoso y pesado permanecer tanto tiempo sentado en la misma posición. Su respuesta fue tan enigmática y honda como el día anterior:

- Lo mismo debe ocurrir en el amor para que tenga valor: Es una flor que nace de una noche profunda y espantosa.

* * *

Cuando la última estrella del firmamento desapareció, el anciano tomó por primera vez la iniciativa en la conversación y me preguntó si yo tenía amor. Le respondí que sí, moviendo la cabeza afirmativamente, sin decir nada.

En aquel momento, ante su presencia, mis palabras me parecían toscas, inapropiadas. Debido a esto procuraba evitarlas. Entonces él me dijo:

- El amor lo es todo: por eso para el alma enamorada cualquier otra cosa tiene solamente la importancia que le da el amor.

* * *

Me acerqué a la orilla. Para ser un mendigo, el viejo lucía siempre un aspecto pulido, limpio. Tenía la cabeza y la barba siempre rasurada y era delgado. Recordaba un poco a Gandhi, aunque más viejo y con facciones más duras. Ese día el anciano habló con una voz grave y profunda:

- No es mío lo que me pertenece sino aquello a que yo pertenezco. Mi Dios no es el Dios que poseo, sino el Dios que me posee.

Como los otros días, traté de seguir la conversación, pero no sabía cómo y el viejo apenas decía su frase del día, se incorporaba y se iba. Yo procuraba retener en mi memoria sus palabras. Después las escribía al llegar a casa.

* * *

Me encantan los bares que están adentrados en la playa. Uno puede tomarse tranquilamente una cerveza a la sombra, mientras la vista se deleita en la contemplación del mar. Esa tarde me había escapado de mi esposa e hijos; mientras todos dormían la siesta yo estaba allá, disfrutando de la soledad, el paisaje y el rico sabor de mi Heineken.

Entonces, al tiempo que el camarero me preguntaba si quería algo más, vi por primera vez al viejo fuera de su lugar habitual. Estaba algo alejado, recogiendo la basura que dejaba la gente, limpiando el lugar. Concentrado en sus tareas, no pareció percatarse de mi presencia. Le pregunté al camarero si le conocía.

- ¿Al viejo? No mucho. Se llama Julio. Le doy unos euros a cambio de que me deje los alrededores limpitos. La gente es muy cochina y lo deja todo sucio. Así yo le hago un favor a él y él a mí ¿me explico?

Asentí con la cabeza. Le expliqué el origen de mi interés por el anciano. Entonces el barman volvió a hablar:

- Bueno, en realidad si sé algunas cosas sobre él. Un día le invité a una cerveza. Pensé que estaría acostumbrado a beber, pero una sola hizo que se le subiera a la cabeza. ¿Me explico? Entonces se le soltó la lengua y me contó algo sobre su historia. Parece que no siempre ha sido un mendigo. Antiguamente fue profesor de Filosofía en un instituto. Fíjese cómo es esta vida, ¿eh? Estuvo casado con una tal…ya no recuerdo el nombre. Pero parece que era el amor de su vida. Sin embargo ella se mató en un accidente y él no pudo superarlo. ¿Me explico? Sufrió una depresión terrible, que le impidió seguir ejerciendo su profesión y terminó viviendo en la calle, como un mendigo. Él es de Barcelona, pero hace un par de años que se vino a vivir aquí, buscando mayor tranquilidad. Las grandes ciudades son muy inhumanas ¿me explico?

Le pregunté por qué creía él que el viejo pasaba las noches en vela, mirando el firmamento.

- Mmm sí, también me habló algo sobre eso. Me dijo que una vez tuvo algo así como una especie de sueño místico, ¿me explico?

- ¿Sueño místico?

- Sí, ya sé que suena raro, pero es lo que me contó. Al parecer, una noche de frío invernal en Barcelona, Dios se apiadó de su desesperación y se le apareció en sueños. Le dijo que "si quería recuperar el amor de su vida, debía venir aquí a contemplar cada noche el cielo, hasta decir adiós a la última estrella". Me acuerdo bien de la frase, porque me pareció chistoso eso de decirle adiós a una estrella. ¿Me explico?

La historia me pareció sumamente conmovedora. Me despedí del camarero, agradecido por la información que me había brindado. Quise ir a saludar a Julio (por fin averiguaba su nombre), pero ya no estaba. En algún momento desapareció sin que nos diéramos cuenta.

* * *

- Querido… ¿Desde cuándo lees a Kierkegaard? Creí que solo te interesaban las matemáticas…Dijo mi esposa en un tono entre inquisitivo y burlesco.
- ¿Kierkegaard?- Respondí yo extrañado.

Ella me mostró las hojas donde yo había anotado las frases que había podido memorizar de mis conversaciones con Julio.

- ¿Kierkegaard? – Repetí nuevamente- ¿Esas frases son de Kierkegaard?

Mi esposa me explicó que eran citas de una obra titulada: "El seductor". En ella Kierkegaard describía su amor, un tanto obsesivo y extraño, por Regina Olsen. A mi mujer le fue fácil reconocer la autoría de las máximas, pues su tesis doctoral había sido sobre Kierkegaard y su influencia en el existencialismo posterior.

Al parecer, Kierkegaard se había debatido en un momento de su vida, entre el amor a Regina y el llamado divino, que le movía a consagrarse a la Filosofía. Se decidió por esta última, pero ello le condujo a la tristeza y la angustia, hasta caer en la depresión. El seductor refleja algo de ese amor intenso y atormentado, ese desgarro del corazón por la relación que no pudo ser y ya nunca sería.

Entonces lo comprendí. Probablemente el viejo estaba identificado con Kierkegaard, al que citaba de memoria: compartía con él la desesperación por la pérdida de la amada y supongo que, como el gran filósofo danés, sentía que Dios se había interpuesto en su camino, impidiendo la unión con su media naranja.

Y por las noches, paciente y abnegadamente, esperaba el cumplimiento de la promesa divina; para así recuperar el amor de su vida. Sin duda que el anciano estaba trastornado. Pero aunque mi mentalidad científica y matemática le acusaba de demencia y de conducta irracional, algo en él me resultaba fascinante y digno de admiración. ¿Cómo podía creer y entregarse tan vehementemente a un simple sueño sin fundamento alguno en lo real? ¿Cómo podía resistir noche tras noche sin desfallecer? ¿A qué se debía esa expresión de felicidad siempre dibujada en su rostro? Su persona me atraía cada vez más, al tiempo que me resultaba incomprensible.

* * *

- ¡Kierkegaard! ¡Son frases de Kierkegaard las que usted siempre cita! Ahora lo sé.

El viejo clavó sus ojos en mí y después de un buen rato que se me hizo eterno, asintió con una leve sonrisa.

- Usted mira al cielo toda la noche, hasta decir adiós a la última estrella... esperando que se cumpla la promesa de Dios y pueda así recuperar a su amada ¿No es cierto?

Solemne, parsimoniosamente, el anciano miró al cielo sin decir nada.

- Pero... ¿No se cansa de esperar y no obtener resultados? ¿No duda nunca de esa promesa hecha en sueños? ¿No ha pensado que tal vez lo que usted espera no suceda nunca jamás...que era...eso...simplemente un sueño?

El silencio del anciano fue denso y prolongado. Me miró con una expresión que parecía querer decir: "Me decepciona que aún no hayas entendido nada". Y, según su costumbre, se marchó sin decir una sola palabra.

No volví a verlo nunca. En los días sucesivos no apareció más en la orilla del mar y mis vacaciones llegaron a su fin. Regresé de nuevo a mi rutina cotidiana, con mis comodidades y placeres de siempre, mi trabajo y familia ideales...pero con la sombra del vacío y del sin sentido de mi existencia más oscura y profunda que nunca.

Traté de ahuyentar esa sombra corriendo, como hacía siempre, pero no resultó. Incluso me puse en manos de un psicólogo. Pero por más que me esforzaba, no conseguía sentirme bien. Lo que más me enervaba, era que teniendo todo cuanto me había propuesto en la vida, no fuera feliz. Una casa y un coche espectacular, una profesión muy bien pagada y que se me daba muy bien, una esposa e hijos maravillosos...pero me faltaba algo. Y no sabía muy bien qué, pero por dentro intuía que ese algo que a mí me faltaba, aquel anciano de la orilla lo tenía a raudales.

* * *

Unos años más tarde mi esposa y mis hijos murieron en un accidente aéreo. Es curioso cómo la novela de la vida, puede pasar de comedia a drama tan fácilmente. Cómo todo aquello que nos da seguridad, puede esfumarse en cuestión de segundos. Cómo nuestras vidas penden de un hilo tan frágil y tan fino.

Después de los funerales, me di un tiempo de descanso, para meditar y rehacerme de tan duro golpe. Pero no pude recuperarme ni volver al trabajo. No encontré razones que me aliviaran, ni nuevos proyectos que pudieran entusiasmarme. Terriblemente deprimido, vagué como ánima en pena, malgastando mi dinero en diversiones y alcohol, tratando de evadirme y anestesiar mi dolor.

Pasados dos años, había gastado todos mis ahorros y estaba solo, perdido, sin esperanza.

Convertido en un triste mendigo, mi instinto me llevó de nuevo a Segur de Calafell. Busqué aquella cala de mis encuentros con el anciano, y cuando sobrevino la noche, crucé mis piernas como lo hacía él y me senté a contemplar el cielo nocturno, dispuesto a permanecer así hasta el día siguiente. Pensé si mi relación con aquel abuelo, no habría sido producto de mi imaginación. O tal vez yo estaba padeciendo el amargo fruto de una terrible maldición que iba pasando de una víctima a otra, en aquella cala, a la orilla del mar. Pero, pese a todo, ocupar el puesto del anciano y meditar bajo la luz de los astros, era lo único que deseaba hacer. Un misterioso impulso interior me invitaba a ello.

Pasada la noche, cuando le dije adiós a la última estrella del firmamento, algo dentro de mí había cambiado profundamente. Comprendí por fin la felicidad del anciano misterioso. Por primera vez me sentía en paz, y en medio de todo aquel dolor, encontré que mi vida tenía sentido.

ASTRONAUTA A LA DERIVA

Tú eres el Dios de los humildes, el defensor de los desvalidos, el apoyo de los débiles, el refugio de los abandonados, y el salvador de los desesperados. Judit 9,11

Estoy flotando a la deriva en el espacio, esperando la muerte. El firmamento, inmenso y silencioso, me estrecha con sus gélidos y poderosos brazos. Soy una gota en el océano, un grano de arena en el desierto, una luminaria en el sol. Un pábilo vacilante entre las llamas del mismísimo infierno.

La Tierra luce como una preciosa joya azul, suspendida en medio de la nada, ajena por completo a mi infortunio. Ella también está sola y a la deriva por un universo ilimitado, condenada a muerte. Como toda la humanidad. Como yo.

Pero yo, puesto que todos hemos de morir, al menos quise elegir la forma. Por eso abrí la escotilla del transbordador y me lancé al espacio. Este sería mi único y último acto verdaderamente libre y creativo, en una vida donde apenas había podido elegir nada.

No pude elegir no existir. Me encontré un "buen" día irrumpiendo en la existencia. No pude elegir no tener consciencia, me encontré otro "buen" día, asediado por ella. No elegí nacer en una población pobre, ni la familia desestructurada y mal avenida que me tocó "en suerte". No elegí mi inteligencia superdotada, ni mi propensión a desarrollar un físico atlético. No elegí un mundo lleno de dolor, enfermedad y muerte donde nada bello, bueno y verdadero perdura para siempre.

Desde pequeño quise ser astronauta. Supongo que muchos niños sueñan con eso. Pero muy pocos estamos dotados para conseguirlo. En esos tiempos mi motivación consistía en poder pilotar una nave espacial para escapar del mundo. El alcoholismo y la violencia de mi padre y la personalidad desequilibrada de mi madre, contribuían a mis deseos de huída lo más lejos posible. La depresión económica y la exclusión social de la población donde nací, tampoco invitaban a quedarse por mucho tiempo. En aquel naufragio de mi infancia, la escuela y sobre todo, la posibilidad de leer libros que me proporcionaba, eran mi tabla de salvación. Y me aferré a ella con todas mis fuerzas.

Desarrollé mi intelecto muy por encima de la media. En seguida se dieron cuenta de que era un niño prodigio y eso me abrió muchas puertas y me permitió dejar el agujero donde vivía. Me concedieron becas, pude estudiar siempre lo que quise y donde quise. Mucho antes de lo que hubiera esperado, estaba ya ingresando en la NASA. Las pruebas físicas no supusieron tampoco ningún problema, ya que cuanto más frágil e inseguro me sentía por dentro, más necesitaba acorazarme por fuera, de modo que me esforcé desde muy joven por mantener mi musculatura en excelente forma.

En apariencia, yo lucía como un triunfador, admirado y envidiado por muchos. Pero nadie imaginaba hasta qué punto la soledad y el sin sentido de mi vida, atenazaban mi corazón. Nadie imaginaba la oscura fuerza motora que en verdad movía todo mi afán por la astronáutica.

Tuve una trayectoria académica impecable, difícil de emular, pero estaba solo. Terriblemente solo y desorientado. El aspecto relacional nunca fue mi punto fuerte y sobre todo, un tema me corroyó siempre por dentro: ¿Qué sentido tenía vivir? ¿Para qué una vida destinada a la muerte? Las respuestas de las religiones no me convencían. Siempre se aludía a una divinidad o divinidades que yo no podía experimentar ni conocer. Las diversas teorías filosóficas tampoco me ayudaban a ser más feliz. Nada calmaba mi angustia. Y en el horizonte no se divisaba ninguna luz. No parecía que mis sentimientos pudieran ser diferentes en el futuro. No tenía esperanza alguna en nada ni en nadie.

La muerte me obsesionó desde que tuve uso de conciencia. Recuerdo cómo en mi adolescencia pasaba horas y horas recogiendo en un cuaderno las formas de morir de la gente. Leía los periódicos, veía las noticias de la TV y apuntaba. Llegué a anotar miles y miles de maneras. Pero me espantaban especialmente aquellas en las que otro ser humano ejercía la violencia y la crueldad sobre otro, de modo gratuito, despiadado y salvaje. Ante tal museo de los horrores, desanimado por el fracaso de intentar encontrar algún sentido a todo aquello, decidí entonces, ya que no podía escapar al nihilismo, poner todo de mi parte para, al menos, tener la muerte que yo quisiera. Una muerte bella, artística, lejos de toda aquella porquería nauseabunda. Lejos del mundo y su corrupción. Lejos del mal y la bajeza humanas.

Fue entonces cuando ideé el proyecto que habría de dirigir desde aquel momento mi vida: Conseguiría ser astronauta, viajar al espacio sideral y una vez allí, saltaría al espacio e iría a la deriva, flotando por la inmensidad del firmamento, hasta morir. Me convertiría así en un icono, una paradoja de lo absurdo de la condición humana. El ser humano, el animal mejor adaptado del planeta, capaz de conquistar el espacio y volar junto a las estrellas... ¿para qué? ¿De qué le han servido al hombre tantos adelantos y tecnología? Tal vez mi muerte provocara reflexión en muchos, quizá así mi vida cobrase algún sentido para alguien, ese sentido que yo no supe encontrar.

Me queda una hora de oxígeno. Saboreo cada segundo. A pesar de todo, me fascina la belleza de los astros, el sagrado silencio que se escucha tan bien aquí arriba. Quizá, si hay Dios, se me manifieste ahora. Ojalá suceda. Un rayo de luz, una revelación que me haga comprender el sentido de tanto sufrimiento sobre la faz de esta Tierra, tan bella como desamparada.

Entonces diviso una sombra difusa y antropomorfa que se dirige hacia mí, a lo lejos. No puedo creerlo: es Vladimir, mi compañero. Lleva acoplada en su traje la Unidad de Maniobra Tripulada, una mochila propulsada para permitir el vuelo libre. La ha utilizado para venir a rescatarme. Ha arriesgado su vida por mí, pues salté al espacio mientras él dormía y era difícil encontrarme, después de tantas horas a la deriva. Ahora los dos estamos muy lejos del transbordador, no sé si le quedará nitrógeno suficiente en el propulsor para retornar a la nave, ni si contará con el oxígeno necesario. Llegar hasta acá le habrá consumido casi todo el depósito. ¿Por qué ha hecho esto? ¿Por qué se ha arriesgado tanto por mí?

Su bello gesto me conmueve y siento que algo en mi más hondo interior ha empezado a repararse. Una herida profunda y sangrante está siendo desinfectada y vendada. Un tallo verde emerge desafiante, contra todo pronóstico, en el territorio yermo e inhóspito de mi alma. Una lágrima flota, ingrávida, por mi escafandra. Si un ser humano es capaz de arriesgar su vida por mí, tal vez es que mi vida sí valga la pena. Si un ser humano da su vida por otro, tal vez la humanidad entera aún tenga esperanza. Ya me alcanza, tiende su mano abierta hacia mí. La tomo con fuerza. Estoy salvado.

POR SUS MARCAS LOS RECONOCERÁN

- Perdona, hay tan poco espacio que no puedo evitar tocarte.

- ¡Rayos! ¡Qué susto me ha dado!

- Bueno, oye, creo que no ha sido para tanto...

- No, si no es porque se apriete usted junto a mí, eso está claro que es inevitable, repugnante, pero inevitable, pero es que...le confundí con un trapo sucio, y claro, cuando se puso usted a hablar, menuda impresión me dio...

- Ja, ja, ja. Un trapo hablando...no me extraña que te hayas asustado, entonces. Todo el mundo sabe que los trapos no hablan. Ya siento repugnarte, pero como comprenderás, no me lavaron antes de arrojarme aquí.

- Perdone que se lo diga, pero ya no parece usted un pantalón. Ha debido llevar una vida muy arrastrada y pobre, fíjese que ni siquiera se ve su marca. Bueno, si es que la tuvo alguna vez.

- Jamás tuve marca alguna. Y sí, reconozco que mi aspecto es muy harapiento, pero desde luego puedo decir que voy a morir contento. Disfruté la vida al máximo y por eso me agoté y desgasté tanto. Solo dándome un vistazo ya puede verse que cumplí mi misión y que ésta es mi hora. En cambio tú luces espléndida. No sé qué demonios haces aquí.

- Bueno, supongo que su ignorancia de baja clase, le hace desconocer cómo funcionan las cosas en nuestra categoría, una elite sofisticada y especial, cuya funcionalidad rebasa con mucho el uso humano...somos más que nada seres simbólicos, nuestro valor está en lo que representamos, no tanto en nuestra materialidad.

- Oye, lo siento, pero no estoy cachando ni una ¿podrías hablar un poco más normal?

- Oh, disculpe, a veces me olvido de que no todos tienen mi excelso y elevado nivel cultural, pero no se preocupe, trataré de rebajar mi vocabulario al más inferior y tosco que sepa, para que pueda usted entender algo y sentirse a sus anchas.

- Vaya, qué amable.

- Lo que quise decir antes, es que a los de mi clase no se nos usa solamente para vestir.

- Ah, bueno, si es por eso, entonces nos parecemos bastante, con decirte que terminé enroscado en una escoba, para limpiar el polvo de la casa...

- Pero qué bruto es usted, caramba. Nada que ver con lo que yo intento explicarle. No, no es a ese tipo de cosas a las que me estoy refiriendo. A nosotros no se nos compra para vestir, porque haya una necesidad de abrigo o de tapar la desnudez. A nosotros nos compran porque representamos un mundo de lujo y comodidad, un status social donde muy pocos pueden llegar. Simbolizamos el placer, la juventud eterna, el poder máximo y sin límites, el cuerpo bello y estilizado que nuestros compradores quisieran tener.

- Pero entonces… ¿Tú nunca has sido…y perdona si te ofendo…usada?

- ¡Oh, pero qué grosero y descarado! ¡Eso son cosas muy íntimas!

- Ay, sabía que te ibas a enojar. Perdona, perdona, no me contestes si no quieres. Pero que sepas que no es curiosidad morbosa, es solo para tratar de entender mejor lo que me estás contando.

- Mmm bueno, está bien. Me da vergüenza confesarlo pero sí, a mí me usaron cuatro o cinco veces, pero después en seguida me guardaron en un armario y allí pasé el resto de mi vida, hasta hoy. Cuatro o cinco veces es la media normal en los de mi especie. Pero hay privilegiados que pasan su vida en un cajón y nunca llegan a ser estrenados. Fíjese que honor, ¿eh?

- Rayos, pensé que lo que te avergonzaría es no haber sido usada, o haber sido usada pocas veces…

- Definitivamente está usted demente. Los de su calaña piensan y ven la vida de otra manera, es evidente.

- Pero…perdona lo que voy a decir, no quisiera ofenderte de nuevo. Es que te he estado observando y me doy cuenta de que sí, estás nueva nuevita, y yo estoy más gastado que la piel de una momia, pero en el fondo, y repito, no quiero molestarte, si te fijas bien, estás hecha del mismo material que yo. ¿En qué somos entonces, tan distintos?

- ¡Pero qué palurdo, zafio y estulto compañero me ha regalado Dios en mis últimos instantes de vida! Es lo que te estoy tratando de explicar desde hace rato. No es lo material lo que nos diferencia. Mira mi trasero y saca tus propias conclusiones, si es que eres capaz de tal alarde intelectual, claro.

- Mmm pues…es bastante bonito, la verdad.

- Oh, creo que voy a morir de un infarto, ¿por qué me ha tocado en suerte semejante espécimen? Me refería, no que a que te embelesaras libidinosamente con mis curvas, sino a que te fijaras en la marca que preside la parte derecha. Eso es lo que nos diferencia. Esa marca representa un mundo de riqueza y ostentación, una minoría de privilegiados que gozan de recursos ilimitados…

- Ya,ya, no me sueltes el mismo latazo de antes, por favor.

- Y no solamente la marca, también cuenta el lugar donde fuimos vendidos. Yo estaba expuesta en el Mall del centro de la ciudad, en un escaparate top, de la tienda más top, con un precio para los más top de los top. En cambio usted seguramente pertenecía a algún vendedor ambulante de la feria pulgosa de algún barrio de mala muerte, sin marca y a precio de risa.

- Bueno, bueno, sí, has acertado con mi origen, lo reconozco. Y vale, está bien que estés tan orgullosa de pertenecer a *cuicolandia* y que haya tan pocos que puedan pagar tanto por tenerte, ¿pero de verdad eso te ha hecho tan, tan feliz? ¿No te aburrías siempre guardadita en un triste armario?

- Mmm. Pues…la verdad, nunca he pensado en esas cosas. Felicidad…es una palabra con la que no estoy familiarizada. A mí hábleme de estatus, élite, poder, prestigio, fama, moda, apariencia, glamour…ese es el universo que conozco, eso es de lo que sé, esa es mi vida. Felicidad… ¿en qué consiste? ¿qué es para usted eso?

- Vaya, por fin puedo ser yo el que te enseña algo. Pues felicidad para mí, desde luego no es pasarme la vida dentro de un cajón o de un armario. Para mí felicidad es haber sido usado tanto, que ahora luzco como un trapo hecho tiras. Pero cuando miro cada rotura, cada desgarro, pienso en lo mucho que disfruté siendo utilizado. Mi tela ha conocido la lluvia torrencial, el barro y el frío del invierno. He gozado de formidables partidos de fútbol, deshilachándome entre patadas feroces y caídas espectaculares. He disfrutado del vino que muchas veces me regaba enterito en celebraciones apoteósicas. Las quemaduras de cigarrillos, el olor a humo de las estufas de leña y del tabaco, las manchas de suculentos guisos, los paisajes del campo, los paseos por la ciudad, fueron parte habitual de mis jornadas. También viví el calor de la esposa, el cariño y las travesuras de los niños, la bendición de los amigos. Además tuve más de un dueño y eso, te lo aseguro, es como vivir varias vidas. Por último terminé envuelto en una escoba, como te dije antes, pero hasta eso me llenó de gozo, al verme aprovechado y útil hasta el último aliento.

- Oh, esto que me cuenta…nunca lo había pensado de esa forma. Pero...eso de ser tan común y corriente, eso de estar al alcance de tantos, ¿no le hacía sentir vulgar? Yo si algo me espanta, si algo detesto en esta vida y me he esforzado por evitar, es ser vulgar.

- Vulgar es alguien que pasa por esta vida sin dejar su huella. Y yo he dejado parte de mis telas por cada rincón de esta bendita ciudad. Y estoy seguro que habrá muchas personas que me recordarán con agradecimiento, por todo lo que pudieron hacer gracias a mis servicios.

- Pero…entonces…quizá yo…tan nuevita…tan sin gastar…tan encerradita en mi armario, tal vez no haya dejado ninguna huella en nada ni en nadie y entonces sea…

- ¿Vulgar?

- Buaaaaaaaaa.

- Tranquila, tranquila. Ven, acércate más, apóyate en mis harapos, te sentirás mejor.

- Gracias, al final no ha sido usted tan desagradable como creí en un principio.

- ¿Lo ves? Las apariencias engañan, ya lo dice el dicho. Y trátame de tú, que somos amigos, ¿no?

- Pues…bueno, sí, si usted quiere, ay, digo si tú quieres.

- Claro.

- Pero…estoy asustada. No quiero morir, ahora que veo claro el engaño en el que he vivido todos estos años.

- Mmm. Para eso están los amigos. No te preocupes, yo te ayudaré.

- ¿Tú? ¿Y cómo? Ambos vamos en un maldito camión de la basura, de camino a un vertedero. Allí nos quemarán hasta que no quede ni un triste vestigio de nosotros, ni siquiera un botón.

- Mira, tengo un plan. El camión se detendrá en varios contenedores más antes de llegar al vertedero municipal. He observado el traqueteo y creo que dándote un empujoncito podría arrojarte afuera cuando abran las compuertas para recibir la siguiente carga de basura. Entonces estoy seguro que cuando te vean, querrán conservarte, pues estás todavía francamente estupenda.

- Oh, gracias.

- Si no es el basurero mismo, encontrarás otro dueño, el primero que te descubra te recogerá, estoy seguro.

- Oh, qué bello pantalón eres. ¿Pero y qué será de ti?

- No te preocupes por mí, yo voy feliz a mi destino, ya te lo dije cuando empezamos esta conversa.

- Gracias…nunca te olvidaré. Permíteme que te de un beso de despedida.

- Eso está hecho. Vamos, no llores, Ja, ja, ¿has visto? hasta hecho un guiñapo tengo mi atractivo, ja ja, oye no te rías de mí. Y ahora, atenta, mira, ya está, el traqueteo que te dije, mmpf, ouch, ya, ya, ánimo, oumps, un poco más y ya, ya…eres libre, adiós cielo, ¡disfruta de tu nueva vida!

LA MANCHA DELATORA

Primera parte: Ella

Durante el día ella es una anodina y triste asistente de hogar, que cumple con sus deberes arrastrándose y lamentando vivir tan penosa condición: lava que te lava, limpia que te limpia... así pasa su jornada esperando la noche. Noche de liberación donde se transforma en loba, loba al acecho, loba en celo, loba en busca de macho adinerado que la saque para siempre de su cotidiano y lóbrego lodazal.

Busca su presa a las salidas de ciertos teatros de renombre, conciertos de música clásica u óperas, finos restaurantes, ambientes exclusivos. Se disfraza de diva embutiéndose en su único vestido lujoso, maquilladita de *glamour*: nada debe evidenciar su verdadera condición social. Su plan es seducir en una sola noche a algún multimillonario, enamorarlo de tal forma, que cuando llegue a descubrir la verdad, ya no pueda dejar de amarla y le pida matrimonio.

Consigue llevarse a muchos a la cama, pero después, cuando ella pide un mayor compromiso no quieren nada, como es lógico. A lo más que están dispuestos es a seguirse acostando de vez en cuando y por supuesto, a correr con todos los gastos en cuantos caprichos tenga. Pero ella quiere el prestigio de ser la Señora de don Importante, no se contenta con aventuras pasajeras, aunque sean tan bien pagadas.

Sin embargo, es difícil enamorar a un macho en una sola noche, o incluso en varias. Aunque esta última opción ella no la considera, pues le supone tener más de un vestido ostentoso, para no repetirse el plato y matar así la pasión de su víctima, pero hasta ahora, el sueldo no le permite tanto.

Ella reconoce que su plan es loco, descabellado. Pero le excita ir a la caza, soñar con el soltero de oro. Podría haber sido una prostituta fina, a fin de cuentas, también así se gana mucho dinero. Sin embargo no es lo mismo, esto tiene más misterio y aventura, y quién sabe, tal vez hasta se enamore también ella, aunque de eso, está dispuesta a prescindir si es necesario.

Así vive durante unos años, hasta que, aburrida de revolcones sin sentido con acaudalados ricachones, decide cambiar de estrategia y probar suerte en internet. De esta forma podrá preparar mejor sus encuentros, ya no se lo jugará todo a una carta y tendrá más tiempo de engatusar magnates sin necesidad de disfraces pomposos ni agotadoras cacerías nocturnas. Navega durante meses como internauta compulsiva, y estando ya adicta al chat, por fin, encuentra un perfil idóneo y conciertan una cita.

Esa noche se viste y perfuma como acostumbra para tales ocasiones y la verdad es que corta la respiración verla contonearse: todas las feromonas del mundo parecen arremolinarse en cada curva de su escultural cuerpo y no hay hombre que pueda evitar girarse para mirarla cuando pasa. Y se preguntará alguno, como es que, semejante mina, no ha tenido más suerte en la vida. Cómo es posible que siendo tan bella, no trabaje de modelo, no le haya sacado más partido a su físico imponente. Pero la vida es así, no siempre sucede lo lógico, no siempre se tiene suerte, se responde ella, cuando se hace la misma pregunta.

Y llega al bar pactado y allí él la está esperando. Un hombre guapo entre los guapos y con buena percha, de esos que podrían hacer de galán en cualquier película de Hollywood. A ella le hubiera gustado que él llevara un terno de Giorgio Armani como mínimo, pero bueno, al menos viste con buen gusto y el estilo es elegante.

Empiezan a charlar y la conversa de él es amena, incluso se diría que divertida a la par que inteligente. Todo transcurre felizmente, solo falta la música de violines, las velas y unas flores para que sea la velada romántica perfecta. Pero entonces ella se percata de un terrible defecto: Él tiene las uñas de su mano derecha llenas de una horrenda mugre negra, esa mugre negra típica de las profesiones manuales, piensa ella, esa mugre que el mecánico, el paleta, el campesino, el obrero en general, por más que se lave no logra quitarse, porque está tan incrustada que forma parte de sí mismo. Entonces ella finge sentirse mal, de repente le duele la cabeza, tiene que irse. Ya te llamaré, ¿cuándo? No sé, algún día, hasta pronto. A él le queda claro el mensaje: ella no está interesada.

Segunda parte: Él

Él es el propietario de una famosa cadena de restaurantes, con un talento innato para los negocios exitosos. Por eso es dueño de una gran fortuna y vive casi ocioso del todo, dedicado a disfrutar de la vida al máximo. Fue un gran mujeriego, pero ahora hace tiempo que busca algo serio. Está harto de que estén con él por su físico, su dinero o ambas cosas a la vez. Le gustaría encontrar a alguien que se enamorara de su persona, no de la cáscara exterior o de sus cuentas corrientes multimillonarias.

Pero todos los ambientes en que se mueve son vanos y superficiales, siempre halla más de lo mismo, mujeres huecas, interesadas, egocéntricas. Por eso decide cambiar y se aventura en internet: será la forma de seducir desde el corazón, sin mostrar su rostro, sin hablar de sus riquezas.

Por fin, después de muchos fracasos, encuentra alguien interesante. Le gusta su espontaneidad y buen humor, queda prendado de su jovialidad y vitalismo. Por semanas conversan de cine, literatura, deportes, religión, música y comidas favoritas... a él se le escapan los nombres de los restaurantes de lujo donde ha disfrutado más, los países por los que ha viajado, está tan embelesado con ella que ya no mide las palabras y poco a poco va revelando sin darse cuenta su adinerada posición. Él está hechizado por el encanto de su interlocutora, no capta la avidez con que ella recaba los datos, salivando ante su futura presa.

Después de unos meses él decide que ya es tiempo de conocerla en persona. Ella, por supuesto, acepta. Él se viste elegante pero discreto, no quiere ir con su mejor terno, tampoco como quien sale para ir a pasear al perro. Está a punto de irse cuando, de repente, se da cuenta de que tiene los zapatos algo polvorientos. Habrá sido un despiste del criado. Es casi la hora, no tiene otro par a mano, así que agarra el trapo y el betún negro y les da unas friegas a la rápida. Maldición, la mano derecha se le ha manchado entera, será la falta de práctica, piensa. Se lava, pero el betún, ya se sabe, se incrusta en las uñas y se requiere un largo tiempo para quitarlo, un tiempo del que no dispone. Le quita importancia al tema, no quiere llegar tarde, y total, a ella, una persona encantadora y comprensiva, alguien con una inteligencia, sensibilidad y sencillez tan exquisita, no le importará ese insignificante detalle si es que se percata del mismo. Incluso se reirá, cuando él le cuente su torpeza en el arte de lustrar el calzado y todo quedará ahí, como una anécdota más, en su preciosa y prometedora relación. Sale de casa contento, intuye que es su día de suerte y que el destino le sonríe, con amable condescendencia.

ELOGIO FÚNEBRE

El niño llega satisfecho, radiante de alegría y deseoso de compartir su gran éxito con todos. Luce una hermosa medalla en el pecho, pero cuando entra a su hogar, nadie se percata del nuevo objeto de metal bruñido que pende de su cuello, asido por una llamativa cinta rojo carmesí. "Pero qué despistados son", piensa ingenuamente el infante.

- Mamá, ¡he ganado el campeonato de ajedrez!- se atreve por fin, a decir.
- Mmm... ah, qué bueno- responde la madre, arqueando las cejas. Pero es un "ah, qué bueno" contradicho por una expresión corporal icono de la absoluta indiferencia. Una indiferencia gélida, mezclada con un leve toque de enojo, como si estuviera diciendo: "y a mí qué me importa esa tontera, tengo problemas más importantes y urgentes de los que preocuparme" o bien: "ya estás de nuevo con tus estúpidos jueguecitos en vez de estudiar más y dedicarte a las cosas verdaderamente necesarias". Y su hijito, que no es para nada tonto, capta toda la crudeza del mensaje contenido en aquel arqueo de cejas, aquel típico tono de voz reprochador, y entonces, muy triste, se retira a llorar a su pieza.

Al cabo del rato, piensa que tal vez su hermano lo acoja y lo comprenda, aunque, por ser mayor que él varios años, siempre anda metido en su mundo y son pocas las ocasiones que tiene para compartirle sus cosas. Se decide, por fin, a contarle la hazaña lograda y al principio se siente escuchado, pero enseguida el hermano pasa a su tema favorito: hablar de sí mismo y de aquello en lo que él destaca. Y del ajedrez se desliza casi al instante al fútbol, con una rápida asociación de ideas, donde compara peones con defensas y entrenadores con reyes, todo para terminar, claro está, hablando de los muchos goles que ha conseguido marcar esta temporada.

Y el niño, decepcionado, se retira a dormir sin cenar. Tiene que dar antes algunas excusas: "Comí mucho en la escuela, tengo mala digestión, no se preocupen por mí, mañana estaré bien". "Qué extraño y reservado es este chiquillo", piensa su madre. "No es como su hermano, tan alegre y extrovertido, tan buen deportista y excelente estudiante. ¿A quién le habrá salido éste? Su difunto padre tampoco era como él. En fin, qué se le va a hacer", concluye la mamá resignada.

Unos meses después, el nene gana también el concurso literario de la escuela. Los compañeros lo aclaman, es el líder de su curso, y es que gracias a él, su clase va a ser premiada con un paseo, por acumulación de medallas. Sin embargo, el chiquillo, aunque es muy inteligente, no saca muy buenas notas. "Parece destacar solo en aquello que de veras le interesa", piensan sus profesores. "O tal vez sea por una sutil e inconsciente forma de llamar la atención de su familia", barrunta el psicólogo.

Y el niño va a su casa dispuesto para celebrar el triunfo, pero como en otras ocasiones, se suceden los "ah-qué-bueno" indiferentes y las mejores jugadas del último partido del hermano.

Pasado un tiempo, un día que podría haber sido como otro cualquiera, el niño sale de casa apurado, pues se entretuvo demasiado escribiendo su último relato. Es por eso que no ve el bus que dobla la esquina y entonces, sucede lo peor.

En el funeral todo son llantos por tan terrible pérdida. Terminada la misa, la madre lee, emocionada y llena de orgullo por su difunto hijo, el relato que mereció el primer puesto en el concurso de la escuela, ese mismo año. Y el hermano deposita la medalla de ajedrez, todavía reluciente, sobre el féretro, y también balbucea entre lloros, palabras de aclamación por su talentoso y querido hermano. Palabras de elogio, de la madre y del hermano mayor, palabras bellas, conmovedoras, poéticas. Qué pena que no sirvan para nada. El niño no puede escucharlas ya.

ALEJANDRO

Despierto descansado y contento. Es un buen día para darse un paseo y disfrutar de la vida. Salgo de mi casa y tengo la sensación de que todo está radiante, bañado por una luz benéfica que hace lucir todas las cosas como si fueran nuevas. Me siento alegre, optimista.

Camino hacia el cerro Ñielol. Intuyo que la naturaleza se habrá vestido de gala, pues estamos empezando la primavera. Doblo la calle Portales y enfilo Prat, que me llevará todo recto hasta la entrada del parque. En el cruce con Caupolicán, un hombre, a unos treinta metros, grita algo incomprensible y hace aspavientos con las manos. Me giro hacia atrás, pienso que debe estar llamando la atención de alguien, pero no hay nadie a mis espaldas. De pronto aligera el paso y se dirige hacia mí.

- ¡Hola Alejandro!- Me dice.- ¡Qué raro verte a estas horas por aquí! ¿Estás de vacaciones?

Lo miro con extrañeza y respondo:

- Lo siento, señor. Pero creo que se está confundiendo con otra persona.

- ¿Estás de broma o qué? ¡Alejandro! ¡Qué cosas tienes!

- Le repito que no sé de qué me habla. Yo no me llamo así.
- Venga ya, déjate de leseras y cuéntame. ¿Qué haces aquí? ¿Cómo que no estás trabajando? ¿Te soltó el déspota de tu jefe?
- Mire, debo parecerme mucho a ese Alejandro que usted dice, pero no soy él. Así que, si no le importa, voy a seguir mi camino.

La expresión de seriedad en mi rostro parece convencerle de que no bromeo. Entonces inquiere:

- Oye...me estás preocupando. ¿Te encuentras bien?

Algo molesto y tenso por tanta insistencia le digo en tono cortante:

- Estupendamente, y como le dije, disculpe, pero debo irme.

Avanzo con paso firme y lo dejo atrás, aún balbuciendo el nombre de Alejandro y con una expresión de infinita perplejidad en la cara.

Qué curiosa coincidencia, pienso. Debo parecerme mucho a ese tal Alejandro. O quizá el tipo tiene mil dioptrías y no distingue un árbol de un perro. O tal vez sea un perturbado. Pero qué me importa, yo a seguir disfrutando de este magnífico día.

Llego a la puerta del parque. Me dispongo a pagar los setecientos pesos que cuesta la entrada. Pero el guardia que está en la garita me dice:

- No, Alejandro, no hace falta que pague, ya lo sabe. Usted puede pasar gratis siempre que quiera. Pase, pase.

- ¿Qué? Oiga, le agradezco el detalle, pero mire, creo que se está usted confundiendo. Yo no soy Alejandro.

- ¿Me toma el pelo? Hacía meses que no le veía por acá, pero no crea que me puedo olvidar de usted tan fácilmente.

- Oiga, de verdad, no es por ser ingrato, pero no soy Alejandro, tome sus setecientos pesos y déjeme pasar, por favor.

- Jajaja. Desde luego, usted es un tipo muy bromista, jajaja, que no es Alejandro, dice. Ya, le dejo, que tengo mucho trabajo y no puedo entretenerme tanto. ¡Que disfrute de su paseo, señor Alejandro!

Y dando media vuelta, se dirige a su escritorio, se sumerge en sus tareas y me deja boquiabierto, con mis moneditas en la mano.

Paso sin pagar e inicio el ascenso hacia la cima del cerro. Por el camino me pregunto si no estaría siendo objeto de alguna broma, de esas que después de hacerte pasar por un tremendo bochorno, te dicen que todo ha sido filmado y te piden autorización para pasarlo en la tele. O tal vez tenga un hermano gemelo y mis padres, por lo que sea, no pudieron criarlo y nunca me hablaron de su existencia. Hilvano una teoría tras otra, pero al final, me da lo mismo. En la vida suceden cosas sin lógica constantemente. Coincidencias extrañas o fatales. O sucesos afortunados. En realidad todo es como una enigmática lotería, nunca sabes si te va a tocar premio o desgracia. Y a fin de cuentas, que te confundan con otro, aunque sea dos veces seguidas en un mismo día, tampoco es como para preocuparse. Hasta ahora, por lo menos, no me ha traído ninguna consecuencia negativa. Pero me pica la curiosidad, eso sí. Y la ansiedad, aún tímida, acecha en el umbral. Quiere entrar y poseerme, pero yo no la dejo. Hoy no. Quiero disfrutar mi día.

Me distraigo en la cima del cerro, contemplando el volcán Llaima. Me fascina que día tras día, año tras año, permanezca imperturbable, enseñoreado en su sempiterna y helada belleza. No es como las personas: cambiantes, frágiles, quebradizas. Es duro, pétreo, inconmovible. De una bocanada puede cambiar todo a su alrededor, pero él permanecerá ahí, como si nada, Amo del Fuego, Señor del territorio escabel de sus pies.

Después de un par de horas, me da hambre. Decido ir a comer un helado al centro de la ciudad. Me vuelvo por donde he venido, desciendo por Prat hasta llegar a Montt, tuerzo a la izquierda y me meto en Almacenes París. Subo a la última planta y me compro un cucurucho de chocolate de los más grandes. Estoy zambulléndome en un placer inmenso cuando alguien toca mi hombro derecho y me zarandea.

- ¡Alejandro! ¿Qué tal estás?

Lo miro extrañado. Esto empieza a parecer una pesadilla. En cualquier momento podría despertar. Pero él continúa:

- ¿Todavía sigues tan estresado como me contaste la última vez? ¿Sigues padeciendo insomnio? La verdad es que me dejaste muy preocupado. Parecías al borde de una crisis nerviosa. ¿Estás más recuperado?

- Oiga…mire, lo siento pero no sé quién es Alejandro ni de qué problemas me está hablando.

- Ja, ja, Alejandro, pero qué chistoso, veo que has recuperado tu buen humor, ¿eh?

Entonces suelto un "uffff" de cólera contenida y él comprende que no estoy bromeando. Le digo que me deje en paz y salgo apresurado hacia las escaleras mecánicas. Las bajo corriendo, mientras siento que la ira va en aumento y que las sienes me martillean, parece que el corazón me vaya a estallar. ¿Pero qué demonios está sucediendo hoy? ¿Todo el mundo se ha vuelto loco? ¿Se han puesto de acuerdo para tomarme el pelo o qué? La ansiedad que antes amenazaba, ahora hunde su puñal hasta el fondo, siento su punta helada en mis entrañas. Mis axilas se humedecen, mi frente dejar caer gruesas gotas de sudor. Camino como endemoniado a paso atlético, llego en seguida a mi casa. Un funesto presagio me asalta. La angustia aumenta. Pero debo seguir adelante, entrar en el baño. Experimento una inusitada resistencia. Mi mente ordena, pero los miembros no obedecen. Aún así persisto y avanzo con una lentitud exasperante. Consigo llegar al lavamanos y me agacho. Abro la llave y dejo correr el agua. Me refresco la cara. Ahora estoy preparado. Levanto la cabeza poco a poco y atemorizado, pero decidido, miro el espejo. ¡Dios mío, ayúdame! Era cierto. En efecto: soy Alejandro.

OLOR A CEBOLLA

Despertó de repente, sobresaltada por un intenso olor.

- ¡Puaj! ¡Cómo huele a cebolla! ¿Estará alguien cocinando?

Se dirigió a la cocina. No había nadie. Todo estaba perfectamente ordenado y limpio. Ninguna olla ni sartén al fuego. Pero la cocina olía a cebolla. "Tal vez alguien cocinó sin conectar el extractor y todo quedó pasado a cebolla". Buscó en el refrigerador, pero no encontró ningún guiso guardado. Tampoco en el horno.

Paseó por el resto de piezas de la casa: todas olían a cebolla. "Debe ser algún vecino, que está cocinando con harta cebolla". Aunque era raro que todo se hubiera impregnado tanto, teniendo en cuenta que las ventanas de la casa estaban cerradas. Comenzó entonces a abrirlas, para investigar la procedencia del olor y constató que el aire también olía a cebolla.

Salió de casa. "Buscaré de dónde viene toda esta peste". Avanzó varias cuadras, fue arriba y abajo, a izquierda y derecha. Todo olía igual. Decidió subirse a una micro y viajar hasta el final del recorrido. Pero allí también olía a cebolla. Fue al extremo opuesto de la ciudad, al Norte y al Sur, al Este y al Oeste. "¿Qué diablos está pasando? Todo Temuco huele a cebolla. ¿Será el Día Internacional de la Cebolla o algo así?", pensó. Decidió volver a su hogar y poner la tele, tal vez las noticias dijeran algo sobre el tema. Nada. Escuchó la radio: tampoco.

Volvió a salir de casa. A un tipo que pasaba le preguntó:

- Oiga, señor, perdone que le moleste, pero es que hoy, vaya donde vaya, encuentro un intenso olor a cebolla. ¿Es extraño, verdad?
- Pues qué quiere que le diga, yo lo encuentro lo más normal del mundo. ¿No le parece?

Era una respuesta desconcertante. Le pregunta a otro transeúnte y éste se ríe y le dice lo mismo.

- "Me parece que en esta ciudad, todos se han vuelto locos"- Pensó mientras caminaba, de regreso a su hogar.

Entonces al llegar, ve que los inquilinos de la casa han vuelto y la están esperando impacientes, pues ya es la hora de cenar. Sin previo aviso ni contemplaciones, la desnudan y la tienden sobre una tabla de madera. El cocinero tiene en la mano un enorme cuchillo bruñido y bien afilado. Se dirige a ella con paso decidido, dispuesto a despedazarla. "¡No, por favor, no lo haga!" Grita desesperada. Trata de resistirse cuanto puede, pero es inútil. Y cuando el fornido hombre la embiste con la primera tajada, entonces ella lo comprende todo: "Es lógico, ¿cómo no me di cuenta antes? Todo olía a cebolla porque...*soy una maldita cebolla*".

NO PASA NADA POR UN BESO

Él y ella

El avión aún no despega y él está sentado en su butaca y mira por la ventanilla, con aire aburrido. A su lado no hay nadie. Pronto llega una mujer, saluda con una bonita sonrisa y se acomoda en el asiento vacío. "Es muy atractiva", piensa él. Ella encuentra que el compañero que le ha tocado en suerte, no está nada mal. Empiezan a conversar de temas intrascendentes, para romper el hielo. La azafata anuncia que el avión va a despegar. Se abrochan los cinturones y cuando todo vibra al vencer la gravedad y flotar por los aires, ella se aferra al brazo de su acompañante, tiritando de miedo.

"Disculpe que lo haya agarrado, pero es que siempre me da un miedo atroz este momento", se excusa ella, algo avergonzada. Pero a él le gustó sentir el tacto de su mano en el antebrazo desnudo. "No se preocupe, a mucha gente le pasa" Le contesta, sonriendo.

Siguen hablando y ambos experimentan que hay "química" entre ellos. Es una química animal, atracción física en estado puro. Lo dicen las pupilas dilatadas, el modo de sonreírse, la manera de acercarse al otro. Cualquier excusa es buena para deslizar la mano sobre el hombro, el bíceps, la muñeca, lo que sea, con tal de sentir ese agradable contacto con el objeto de tan intenso deseo.

Por fin llegan al punto en que hablan de sus compromisos. Él dice estar soltero. Ella se extraña: "imposible, siendo tan guapo. O es homosexual o miente". Pero en vez de pensarlo, lo dice en voz alta, no puede reprimirse. Él se ríe y le dice que ni gay ni mentiroso. Sólo que nunca quiso un compromiso serio con una mujer. Ella está casada y tiene tres hijos, "pero esa noche quiere olvidarse de eso" le explica. Olvidarse de todos los compromisos serios. Permitirse una canita al aire, un pequeño paréntesis en su recta y siempre tan perfectita vida. Entrelazan sus manos y se miran, en silencio. Él se envalentona y se inclina, para besarla. Ella duda un poco, de repente le asalta la conciencia, sus principios morales, el deber ser y todo eso. Pero un pensamiento la disuade: "no pasa nada por un beso" y se deja llevar por el frenesí del momento.

Pero un beso, a veces, es como cierta marca de papas fritas: si pruebas una, no puedes dejar de comerte toda la bolsa. Por eso al bajar del avión, después de una noche tórrida, hacen el amor en un baño del aeropuerto.

Tres años más tarde en una parroquia "X"

- Lo siento mucho, pero no puede ser. Ustedes no pueden salir a leer la Palabra de Dios. Sería muy mal visto por la gente- Dijo el laico consagrado de la

Parroquia "X" con un aire despectivo, no del todo bien disimulado.

- El problema yo creo que lo tiene usted, más que la gente. Es cierto que somos convivientes, pero estamos juntos hace veinte años y si no nos casamos por la iglesia es porque no podemos, no porque no queramos- Se defiende el hombre. Su pareja continúa:

- Y yo no tengo la culpa de que mi primer marido me abandonara, ¿sabe? Y no me venga con eso de conseguir la nulidad, yo no quiero tener que airear mis trapos sucios delante de desconocidos, ¿sabe? Además no tengo ni el tiempo ni la plata necesaria para eso.

- Eso no es mi problema, señores. Yo solo velo por la pureza del altar. Y acá solo pueden pasar personas de intachable conducta, que sean ejemplo de fe y buen testimonio para el pueblo de Dios. Cuando solucionen su irregularidad vengan a verme, mientras tanto, tendrán que acatar mis normas, pues yo soy el encargado de liturgia de esta parroquia…y además, estoy respaldado en mis opiniones por mi párroco, así que, si me disculpan, tengo cosas que hacer…- Y diciendo esto, el consagrado dio media vuelta y se fue, dejando a la pareja sola y triste, en aquel grande y frío despacho parroquial.

Cuatro años más tarde en un Liceo

- Lo siento, pero no puedo tolerar este tipo de conductas en mi Liceo. Está usted expulsada- dice la directora, en tono tajante y con semblante muy serio.

- Pero por favor, no puede ser tan estricta, la verdad, yo creo que no hay para tanto- Se defiende la alumna.

- Usted fue sorprendida cometiendo actos impuros en pleno patio, eso en esta institución es inadmisible y usted lo sabía. Por tanto, ahora aténgase a las consecuencias.

- ¿Actos impuros? Por Dios, estaban dándose un simple beso. No pasa nada por un beso. ¿No cree que está exagerando un poco las cosas?- Argumenta el padre de la chiquilla, algo acalorado.

La directora alza un poco más la voz. Su rostro está más tenso y frío que antes. Y arguye:

- Sí, fue solo un beso, en la boca y acompañado de ostentosos tocamientos. Mire, si no atajamos esto ahora, quién sabe lo siguiente que podemos encontrarnos. Y yo debo velar por los intereses de este Liceo y hacer saber que ese tipo de conductas no van a tolerarse aquí. Ustedes matricularon a su hija porque nuestro Liceo tiene una fama impecable. Y así va a seguir siendo. La clave para mantener nuestra reputación es no hacer excepciones y aplicar inflexiblemente nuestro manual de conducta. Y ahora, si no les importa, tengo otra persona esperando afuera.

El padre y la hija se retiran, resignados. No pueden nada contra esta Dama de Hierro, inconmovible y gélida, como un glaciar de la Cordillera.

La directora hace un leve arqueo de cejas mirando a su secretaria y ésta comprende que debe hacer pasar a la siguiente visita. Se trata del aspirante al cargo de profesor de religión y asesor de la pastoral del Liceo. Ha sido seleccionado entre doscientos tres aspirantes por su impresionante curriculum vitae y sobre todo por ser un laico consagrado de impecable fama, procedente de la parroquia "X".

Pero cuando el hombre entra al despacho de la directora, ella se sonroja y a él se le borra del rostro su resplandeciente sonrisa. La secretaria los mira, extrañada: "¿Ya se conocían?", piensa, pero por prudencia, se queda callada.

La directora no puede evitar la sucesión de imágenes que, como fotogramas, asaltan su imaginación. Una tras otra, las escenas eróticas en aquel baño del aeropuerto, desfilan en un segundo ante ella. A él le sucede lo mismo y siente cómo la culpa de algo ya olvidado, vuelve a taponar su garganta. Pero ella se sobrepone y dice:

- Pase, pase, no se quede en la puerta. Nos han dicho que es usted el hombre ideal para este puesto y estoy segura que vamos a entendernos.

EL IDIOTA DE AL LADO

Me visto en un periquete y saco uno cualquiera de los muchos trajes que almaceno en mi armario. Me sale un Brioni que me costó seis mil euros, nada mal para la ocasión; pienso. Salgo algo nervioso de mi mansión: si no me espabilo llegaré tarde al concierto. En el parking me espera mi Ford GT, un coche capaz de llevarme a 320 km/h. Si llego atrasado con este bólido de ciento noventa y ocho mil euros, más me vale pegarme un tiro.

Llego al Palau de la Música Catalana, a tiempo, por supuesto, aunque he de decir que me sobran escasos minutos, pero por mí está bien, no me gusta tener que esperar por nada ni por nadie. Me dirijo a mi butaca, en primera fila de la platea central, el mejor asiento según mi gusto. Nada como tener dinero y clase para conseguir todo lo que deseas.

Empieza el concierto para trompeta y orquesta de Haydn, unos de mis músicos favoritos. Los violines inundan la sala con su alegría y pronto la trompeta comienza su magistral solo. Todo es perfecto hasta que, empiezo a darme cuenta de un desagradable olor a sudor y colonia barata, que emana de mi compañero de al lado. Lo miro de reojo y sospecho que se trata del típico garrulo que aparece en esta clase de conciertos, porque algún familiar o amigo descerebrado, le regaló la entrada por su cumpleaños. O porque se enamoró de una mujer culta y está tratando de impresionarla gastándose el sueldo en invitarla o cualquier otra fatal coincidencia: el caso es que un tipo así no debiera estar aquí, y menos a mi lado.

Su camisa a cuadros también barata (de las que están de oferta esta primavera) y sus pantalones tejanos descoloridos y sin marca, me confirman la primera impresión. Para colmo se cree un hombre abierto y divertido, y de repente, se da el lujo de dirigirme la palabra:

- ¿Buena la interpretación, eh?

Yo lo miro inexpresivo y no respondo. "Buena". Supongo que un palurdo de baja clase como éste no debe tener más vocabulario que "buena", "mala", "regular". Tres palabras sería mucho para semejante ignorante. Seguro que no debe saber ni quién cóño es Haydn, el muy imbécil. No hace falta decir que ni sabrá lo que es el clasicismo. Y hasta puede que no sepa ni quién es Mozart, aunque vale, eso ya sería demasiado, tampoco tengo que excederme tanto: hasta los más zafios e iletrados del mundo saben quién es.

Llega el turno de Colores Primarios. Procuro olvidarme de mi penosa compañía y cierro los ojos para concentrarme mejor. Pero el bruto de al lado me da con el codo en el brazo mientras mascula:

- ¡Ostras tío, esta sí que mola, está genial, genial! ¡Este director es la hostia!

Vaya. Parece que subestimé a la bestia. Tiene más vocabulario del que pensaba. "Mola", "genial", "es la hostia". Sin duda podría ser crítico musical. Lástima de talento desperdiciado. Esta vez ya no resisto más y respondo con severidad:

- Disculpe, si no le importa, me gustaría escuchar el concierto en *total silencio*.

- Ah, vale, vale, "no problemo".

"¿No problemo?" ¿De dónde habrá sacado eso? Seguro que de alguna película de acción, de esas comerciales que ven los de su calaña.

Bueno, al menos se calló. Pero no para de moverse, el maldito. Lo mismo se rasca el sobaco, que tose, se hurga la nariz o menea la pierna lleno de nervios. Claro, una mente tosca como la suya no aguanta tanto tiempo en una actividad cultural y artística como ésta. ¿Por qué no se irá?

En eso que ya terminaron con Haydn y ahora vienen unas piezas de un autor contemporáneo, pero con el traqueteo del idiota de al lado, no consigo enterarme del nombre.

En principio yo vine por Haydn, pero esto está sonando muy bien. La verdad es que la música me está envolviendo de una forma que hasta me olvido de la repugnante presencia que me acompaña a mi derecha. El primer movimiento es sublime, el segundo me sumerge en un embravecido mar de emociones y sentimientos; en el tercero mi espíritu se eleva hasta alturas nunca exploradas y el desenlace es una apoteosis de armonía y belleza en estado puro que me deja temblando. Nunca había escuchado nada igual.

Todavía tengo el corazón a cien, cuando, tras los aplausos correspondientes, el director se dirige al auditorio. Y nos explica que tenemos el honor de contar entre nosotros con el compositor de tan excelso tema. Yo miro hacia atrás, esperando impaciente el divo, la figura imponente de tan prodigiosa obra. Y atónito contemplo, cómo mi compañero de al lado, se levanta y se dirige al escenario para salir del anonimato y presentarse ante el entusiasmado público.

EL MÚSICO Y LA BELLA MELODÍA

- ¡Así no hay manera de escribir nada!

Este era mi típico grito de guerra en casa. Después del grito, solía sucederse implacable, el lloro simultáneo de mis dos hijas pequeñas, las quejas de mi esposa por haberme alterado tanto y mi marcha del "hogar dulce hogar" tras un furibundo portazo.

¿Pero qué iba a hacer yo sino estallar de rabia? No podía evitarlo. Había nacido para ser novelista y debía contentarme con una vulgar vida de enfermero y padre de familia. Mi mente era un hervidero de ideas que necesitaba imperiosamente desarrollar, pero no encontraba el momento ni la tranquilidad necesaria para hacerlo.

A pesar de todo, tenía multitud de relatos publicados en la revista *Letras*, lo que me dio un cierto nombre en el medio; pero lo que yo deseaba ardientemente era escribir novelas. Disponía de los contactos editoriales necesarios, la inspiración, el talento y las ganas...todo menos el maldito tiempo y la maldita paz que se requieren para una tarea de esa envergadura. Debía conformarme con relatos cortos, pues era lo único que mi estilo de vida permitía, y con no pocas dificultades.

Después del típico portazo me dedicaba a deambular por las calles hasta cansarme. Entonces me metía en un bar y me ponía a beber whisky. Al llegar a casa dormía en el sofá, por miedo a las represalias de mi pareja. Cuando amanecía, ella, a pesar de todo, me preparaba una cafetera italiana y me instaba a tomármela entera. Era la única forma de despertarme para ir a trabajar. Después del trabajo, yo compraba algún regalo y se lo llevaba a mi mujer. De este modo nos reconciliábamos, se cerraba el ciclo y así hasta más o menos el mes siguiente. Mientras tanto, yo producía uno o dos relatos más, entre cambio de pañales y lloros, e interminables horas de atención a enfermos que se debatían entre la vida y la muerte o se quejaban de dolores insoportables.

Quizá por eso mismo mis relatos trataban a menudo de personajes sufrientes, luchas desesperadas que al final no iban a ninguna parte, historias con planteamiento pero sin nudo ni desenlace, como sucede tantas veces en la realidad.

Escribir era una manera de airearme, de sacar de dentro la angustia que, como el estiércol de un pozo ciego, se iba acumulando en mi corazón. Más que respuestas al sentido del dolor y del mal en el mundo, yo escribía para expresar mi propio dolor y perplejidad ante el mismo. Mis relatos eran parábolas de mi oscuridad interior y en ellos podía transparentarse mi falta de orientación y de luz; tal vez por eso habían tenido buena aceptación popular: porque así nos sentimos la mayoría de la gente.

Pero para mí, escribir relatos, tenía más de desahogo personal que de verdadero arte. Eran algo casi compulsivo, que nacía de mi necesidad de aliviar una tensión insoportable; un desasosiego pegajoso, que se me adhería a la piel y debía quitarme de encima en seguida, como un sarpullido.

Tanto el relato como el tema tratado, brotaban de mi mente y eran plasmados en mis textos, como un vómito después de una penosa indigestión. Era algo que me surgía a pesar mío. Yo no deseaba en verdad escribir sobre esos temas, ni bajo ese formato. Lo hacía movido por fuerzas oscuras e irracionales, mientras soñaba lo que para mí era el verdadero arte: escribir novelas sobre los grandes valores humanos. El amor, la amistad, la justicia, el bien, la verdad...

En vez de tan noble propósito, mi vida me llevaba a tener que contentarme con aquellas tristes narraciones de seres desnortados y frágiles, que navegaban a la deriva por los océanos del sin sentido y lo absurdo de este mundo.

La misma editorial de la revista *Letras*, terminó por editar un libro con una selección de mis mejores relatos cortos. No puedo decir que se convirtiera en un gran *best seller*, pero tuvo un éxito notable. Sin embargo, a pesar de este espaldarazo a mi actividad literaria, yo no estaba satisfecho. Necesitaba escribir novelas.

Es por eso que la vida que llevaba por esos entonces, comenzaba a exasperarme. Soñaba a menudo con dejarlo todo y buscarme un estudio, a ser posible con vistas al mar, para dedicarme a escribir, como siempre había deseado.

No es que no me gustara mi profesión, o que no amara a mi esposa y a mis hijas. Es solo que la pasión por escribir novelas era mucho más fuerte. No me había percatado hasta ese momento de la fuerza que esta pasión ejercía sobre mí. Por años la reprimí, postergándola, alejándola de mí porque siempre otras cosas eran más necesarias, más importantes. Asegurar un puesto de trabajo, casarse, tener hijos y cuidarlos…

Pero un día me cansé, y harto ya de estar harto, me separé de mi mujer y arrendé un departamento en La Serena, con una hermosa vista al Pacífico. Por supuesto que tomar esa decisión me costó no pocas discusiones y lágrimas, pero estaba convencido de que debía hacerlo y lo hice, a pesar del duelo afectivo que me suponía irme y sobre todo, el dolor que me producía haber causado daño a personas que en verdad quería mucho.

El primer día que me senté en mi escritorio, con mi PC listo para empezar mi primera novela, miré el océano y me dije: "Por fin solo". Tenía el lugar idóneo, el tiempo, el talento, los contactos editoriales, las ideas a desarrollar, todo lo que necesitaba. Pero no pude escribir ni una sola palabra. Me faltaba lo que nunca puede programarse ni preverse: inspiración. Sin embargo, al principio, no le di importancia al tema. Era lógico fracasar el primer día, más teniendo en cuenta todas las emociones negativas que había tenido que digerir en aquel último tiempo.

Pero la historia se repitió una y otra vez, cada día, hasta pasar así seis meses seguidos. Seis meses y ni una sola palabra. Buen promedio para alguien que aspira a vivir de lo que escribe.

Decidí cambiar de departamento, viajar, buscar inspiración en otros lugares. Pero no sucedió nada maravilloso ni estimulante, nada al menos que excitara mi imaginación.

Pasó un año completo de estériles intentos. Mis ahorros se esfumaron como la niebla matutina y me encontré sin trabajo, sin dinero, sin esposa, ni hijas, ni novelas. Me había convertido en uno de mis personajes, otro ser desnortado, navegando a la deriva por océanos de sin sentido. Cuando tenía inspiración, me faltaba tiempo. Ahora que tenía tiempo, me faltaba la inspiración. Pero así es la vida, pensaba desolado, un constante devenir hacia ninguna parte, una colección de despropósitos.

Me senté a tomar un café en un precioso bar con vistas al océano. Estaba absorto mirando como las olas iban y venían, rompiendo con furia sobre la costa, cuando una deliciosa música como de flauta travesera, acarició mis oídos. Era un músico ambulante con aspecto de viejo sabio oriental, que tocaba un extraño instrumento de viento. La melodía me resultó familiar, entrañable, llena de ternura. El músico era un auténtico artista, un virtuoso que parecía poder expresar con notas cuantas ideas vinieran a su cabeza.

La sonata me recordó un domingo por la mañana de paseo con mis hijas y mi esposa. Pensé, que si yo fuera el autor de esa pieza, podría haberla titulado así. Traté de contenerme, pero no pude evitar las lágrimas. Me quedé un buen rato llorando, cubriendo mis ojos con las palmas de mis manos. No sé cuánto tiempo estuve así, pero cuando terminé de lamentarme, el músico ya no estaba. Pagué mi café y tomé una firme resolución: Tenía que volver a mi hogar y recuperar lo que aquella melodía me había evocado, antes de que fuera demasiado tarde.

Al regresar tuve que emplearme a fondo: fue como reconstruir una porcelana china rota en miles de pedazos. Pero cuando el amor no ha muerto, todo es posible y con el tiempo, conseguí reconciliarme con mi esposa y recuperar la relación con mis hijas.

Desde entonces hasta el momento presente, ya voy por el décimo libro de relatos cortos. He recibido varios premios literarios, lo que me llena de alegría y satisfacción, pero sobre todo, disfruto mucho de mi vida familiar y de mi trabajo en el Hospital: ellos son mis musas, las verdaderas musas que nunca debí abandonar. No descarto que alguna vez escriba una novela, pero en realidad, ya no me va la vida en ello.

A veces me pregunto qué habrá sido de aquel misterioso músico, qué instrumento sería aquél y qué autor tendría aquella bella melodía que él interpretaba. Nunca más lo he vuelto a ver, ni he conseguido escuchar de nuevo tan conmovedora música. Pero donde quiera que ese artista se encuentre, le estaré eternamente agradecido.

CHOQUE EN LA OSCURIDAD

Por fin llegó el momento de estrenar mi Alfa Romeo 8C Spyder. Agarré el volante con fuerza. Giré con indecible emoción la llave de contacto. Hice rugir el motor y sentí cómo su bramido penetraba mi corazón, haciéndolo vibrar. Seleccioné *Beggars Banquet*, de los Rolling Stones, entre las opciones del menú musical y comencé mi viaje.

A menudo dejaba atrás Temuco, entre sombras y humo de chimeneas, y me echaba a la carretera, rumbo a cualquier parte, dejándome guiar por mis instintos.

Me gustaba salir los viernes por la noche, por ser ese momento mágico de relajación donde uno celebra el fin de la jornada de trabajo semanal y tiene por delante aún dos días de completo descanso.

Eran unas horas en las que gozaba conduciendo en absoluta y completa soledad. Y más en una ocasión como aquella, donde usaba por vez primera, aquel auto comprado hacía pocos días.

En la vida cotidiana yo era más bien introvertido y pusilánime. Siempre obediente y sumiso a las órdenes de mi despótico jefe, un odontólogo tan prestigioso como insoportable. Pero me pagaba bien, y eso me retenía a su lado como fiel secretario, o mejor dicho como esclavo personal, pues sus demandas de todo tipo y en cualquier momento, sobrepasaban con mucho las tareas y el horario que me correspondía hacer.

Por la carretera me sentía otro muy distinto. Seguro e impetuoso, hacía derrapar mi bólido en cada curva, dejando la huella de mis neumáticos nuevos. Adelantaba cuantos vehículos veía por delante, pasándoles cerca, haciéndoles sentir mi poderío. El auto era mi castillo inexpugnable y yo era su poderoso Señor. Allí adentro me sentía seguro, protegido, valiente, capaz de todo.

Con las chicas me había ido mal, por mi falta de valor para relacionarme con ellas. Demasiado tímido y demasiado temor al fracaso y a ser herido. Demasiado lento para mostrarles mis sentimientos. A las amistades las fui dejando casi sin darme cuenta, quizá en parte por pereza, en parte por mi temor a ser decepcionado. Todo esto hacía de mí un chico frágil y solitario. Pero en la pista era diferente. Yo era el más rápido y arriesgado de todos los pilotos. Qué seguridad experimentaba, qué delicia sentir cómo mi auto obedecía mis órdenes como si fuera parte de mi cuerpo. Parecía que nada ni nadie pudiera perturbar esa seguridad feliz que me envolvía.

Pero entonces, ya cerca de Valdivia, algo se cruzó en mi camino. No pude frenar a tiempo. Sonó como cuando uno aplasta una lata de cerveza con el puño, pero amplificado cientos de veces. Gracias a mi pericia como piloto pude detener el auto sin descarrilarlo. Bajé despavorido, pensando en lo destrozado que estaría el parachoques. No podía soportar la idea de ver mi flamante vehículo recién comprado hecho un cisco. El corazón me latía con tanta fuerza que debía escucharse a distancia. Suspiré aliviado: un faro roto y una abolladura no tan fea como la había imaginado. Unos días en el taller y me lo dejarían como nuevo.

Continué mi marcha, determinado a visitar Valdivia, una ciudad preciosa, que luce aún más bonita de noche. Cuando llegué, me detuve en la costanera, cerca del puente Pedro de Valdivia. Abrí la ventanilla y me puse a fumar un cigarrillo. Saboreé intensamente el sabor del tabaco y el aire fresco. Contemplé los lobos de mar dormidos a la orilla del río. Rezumaban paz y tranquilidad. Paz y tranquilidad...como la que yo experimentaba conduciendo los viernes por la noche.

Entonces un pensamiento inquietante mordió la boca de mi estómago. ¿Con qué había chocado? Tan obsesionado con mi auto nuevo, ni siquiera miré atrás, para ver qué fue aquella sombra, aquel bulto que de repente se interpuso en mi camino. Tal vez un animal. Un perro o un gato era lo más probable. No quería asomarme a la peor posibilidad, evitaba el pensamiento, pero una y otra vez venía a mi mente: ¿Y si atropellé a una persona?

Temeroso de lo que pudiera encontrar, regresé a Temuco por otro camino. No quería más complicaciones en mi vida. Tenía suficiente con mi jefe, mis complejos, mis problemas…además, yo no era culpable de lo que había pasado. Aquel bulto surgió de la nada de repente y no pude hacer otra cosa más que chocar. ¡Maldita sea! Mi noche de relajación estaba arruinada por completo. Me sentía hecho un manojo de nervios ¡y encima mi flamante auto nuevo abollado y con un faro roto!

Cuando llegué a casa no conseguí conciliar el sueño. Me torturaba la idea de haber atropellado a un ser humano. Lamentaba mi error de no mirar atrás nada más bajar del auto ¡tal vez hubiera podido socorrerle a tiempo y salvarle la vida! Me arrepentí también de no volver al lugar de los hechos. Pero en ese momento había sentido tanto miedo…

Al día siguiente busqué en los periódicos y en internet todas las noticias sobre accidentes en Valdivia y no encontré nada. Tampoco en los días siguientes. Eso me tranquilizó bastante. Sin duda debí atropellar algún animalito, nada más.

A la semana mi vehículo estaba reparado, como nuevo otra vez. Llegó el viernes por la noche. Me senté en el auto y agarré el volante con fuerza, dispuesto a hacer rugir el motor y sentirme el amo de la carretera.

Pero ya no era lo mismo. Me notaba ansioso y turbado. Decidí no viajar y quedarme en casa. Mejor descansar en la seguridad de mi pieza. Allá no habría sobresaltos ni perturbaciones. Solo paz y tranquilidad.

www.ingramcontent.com/pod-product-compliance
Lightning Source LLC
Chambersburg PA
CBHW071200160426
43196CB00011B/2138